LE MÉDECIN MALGRÉ LUI

MOLIÈRE

ÉTUDE DE L'ŒUVRE PAR
PAUL-G. CROTEAU

COLLECTION
PARCOURS D'UNE ŒUVRE

SOUS LA DIRECTION DE MICHEL LAURIN

Beauchemin

CHENELIÈRE ÉDUCATION

Le Médecin malgré lui
Texte intégral

Édition présentée, annotée et commentée par Paul-G. Croteau,
enseignant au cégep de Trois-Rivières

Collection « Parcours d'une œuvre »

Sous la direction de Michel Laurin

© 2008 Groupe Beauchemin, Éditeur Ltée

Édition : Johanne O'Grady et Sophie Gagnon
Coordination : Johanne O'Grady
Révision linguistique : Paul Lafrance
Correction d'épreuves : Yvan Dupuis et Isabelle Rolland
Conception graphique : Josée Bégin
Infographie : Transcontinental Transmédia
Impression : Imprimeries Transcontinental

Tableau de la couverture :
Le Médecin malgré lui.
© Roger-Viollet/Topfoto/Ponopresse.
Œuvre attribuée à **Jean-Ignace-Isidore Gérard**, dit Grandville,
dessinateur et graveur français
(1803-1847).

**Catalogage avant publication
de Bibliothèque et Archives nationales du Québec
et Bibliothèque et Archives Canada**

Molière, 1622-1673

    Le médecin malgré lui

    (Collection Parcours d'une œuvre)
    « Texte intégral ».

    Comprend des réf. bibliogr.

    Pour les étudiants du niveau collégial.

    ISBN 978-2-7616-5381-7

    1. Molière, 1622-1673. Médecin malgré lui. 2. Molière,
1622-1673 – Critique et interprétation. I. Croteau, Paul-G.,
1953- . II. Titre. III. Collection.
PQ1836.M4 2008   842'.4   C2008-940493-9

Beauchemin

CHENELIÈRE ÉDUCATION

5800, rue Saint-Denis, bureau 900
Montréal (Québec) H2S 3L5 Canada
Téléphone : 514 273-1066
Télécopieur : 514 276-0324 ou 1 888 460-3834
info@cheneliere.ca

ISBN 978-2-7616-5381-7

Dépôt légal : 2e trimestre 2008
Bibliothèque et Archives nationales du Québec
Bibliothèque et Archives Canada

Imprimé au Canada

2 3 4 5 6 ITG 16 15 14 13 12

Nous reconnaissons l'aide financière du gouvernement du Canada par
l'entremise du Fonds du livre du Canada (FLC) pour nos activités d'édition.

Gouvernement du Québec – Programme de crédit d'impôt pour
l'édition de livres – Gestion SODEC.

REMERCIEMENTS

Merci aux personnes qui ont relu les textes et m'ont alimenté de leurs suggestions.

Merci surtout à France, qui m'encourage parfois, me pousse souvent, me bouleverse toujours… depuis trente ans.

LE MEDECIN MALGRÉ LUY

FRONTISPICE DU *MÉDECIN MALGRÉ LUI* TIRÉ DU
THÉÂTRE DE MONSIEUR MOLIÈRE, ÉDITION DE 1682.
GRAVURE DE PIERRE BRISSART (XVIIᵉ SIÈCLE).

TABLE DES MATIÈRES

Portrait du jeune Molière.

INTRODUCTION

MOLIÈRE MALGRÉ LA CRITIQUE

Pour beaucoup, Molière mérite de passer à l'histoire pour ses grandes comédies en cinq actes, comme *L'Avare* et *Le Bourgeois gentilhomme*. Mieux, pour la virtuosité de ses comédies en vers, comme *L'École des femmes* ou *Le Tartuffe*. Bien que n'appartenant pas à ce club sélect, *Le Médecin malgré lui* a remporté un succès populaire dès sa sortie en 1666, triomphe qui ne s'est jamais démenti en près de trois cent cinquante ans.

Il s'est trouvé en son temps des critiques, et il s'en trouve encore de nos jours, pour reprocher à cette pièce son manque de finesse et d'élégance, sa structure gauche ou ses lacunes sur le plan de l'unité. Molière aurait succombé à la facilité et à la vulgarité, selon ces juges impitoyables. Il est vrai que, quelques mois après *Le Misanthrope*, une pièce grinçante et amère, *Le Médecin* fait figure de divertissement simpliste avec ses trois actes en prose. Les considérations méprisantes sur la bassesse du caractère humain, l'ironie hautaine et l'humour cérébral font place à une franche rigolade.

On peut d'ailleurs se demander lequel est le véritable et le meilleur Molière. Celui qui retient sa verve dans les grandes œuvres pour plaire à la cour et aux critiques, ou celui qui laisse éclater toutes les facettes de son génie, comme ici ? Le texte est drôle, c'est une évidence, mais aussi les situations, les pirouettes, les bastonnades… Pourtant, les jugements et les attaques de l'auteur sur la société, son regard sans complaisance sur ses semblables n'en sont pas moins vifs : époux vindicatifs, amoureux ingénus, père autoritaire, valet plaisantin, médecin charlatan, cupide démasqué, tous les ingrédients s'y trouvent condensés pour faire du grand Molière.

Le public, peu embarrassé des catégories, ne s'y est pas trompé, à tel point qu'elle est devenue la pièce la plus jouée du répertoire moliéresque. La plus jouée, point ! Douce vengeance historique pour Molière : les représentations innombrables, tant par des professionnels que par des amateurs, font encore salle comble, dans toute la francophonie. S'il est un défaut que cet auditoire attribue à la pièce, c'est d'être trop courte : on en redemande, on voudrait que cela dure encore et encore.

LES PERSONNAGES

SGANARELLE, *mari de Martine, rôle créé par Molière.*

MARTINE, *femme de Sganarelle.*

M. ROBERT, *voisin de Sganarelle.*

VALÈRE, *domestique de Géronte.*

LUCAS, *mari de Jacqueline.*

GÉRONTE, *père de Lucinde.*

JACQUELINE, *nourrice* [1] *chez Géronte et femme de Lucas.*

LUCINDE, *fille de Géronte.*

LÉANDRE, *amant de Lucinde.*

THIBAUT, *père de Perrin.*

PERRIN, *fils de Thibaut, paysan.*

LA SCÈNE EST À LA CAMPAGNE.

N.B. : Les trois extraits de l'œuvre qui font l'objet d'une analyse approfondie sont indiqués par une trame superposée au texte. Les mots suivis d'un astérisque sont définis dans le glossaire, à la page 132.

1. Nourrice : les femmes nobles ou riches n'allaitaient pas elles-mêmes leurs nourrissons ; elles confiaient cette tâche à des femmes engagées dans ce but.

ACTE I

SCÈNE 1 : SGANARELLE, MARTINE,
paraissant sur le théâtre en se querellant.

SGANARELLE : Non, je te dis que je n'en veux rien faire, et que c'est à moi de parler et d'être le maître.

MARTINE : Et je te dis, moi, que je veux que tu vives à ma fantaisie, et que je ne suis point mariée avec toi pour souffrir tes fredaines.

5 **SGANARELLE :** Ô la grande fatigue que d'avoir une femme ! et qu'Aristote a bien raison, quand il dit qu'une femme est pire qu'un démon !

MARTINE : Voyez un peu l'habile homme, avec son benêt d'Aristote [1] !

SGANARELLE : Oui, habile homme. Trouve-moi un faiseur de fagots [2] qui sache, comme moi, raisonner des choses, qui ait servi six ans 10 un fameux médecin, et qui ait su dans son jeune âge son rudiment [3] par cœur.

MARTINE : Peste du fou fieffé [4] !

SGANARELLE : Peste de la carogne !

MARTINE : Que maudits soient l'heure et le jour où je m'avisai d'aller 15 dire oui !

SGANARELLE : Que maudit soit le bec cornu de notaire qui me fit signer ma ruine !

---

1. Elle traite de nigaud un philosophe et savant de l'Antiquité des plus respectés. La question est de savoir s'il a vraiment dit cela de la femme.
2. Fagots : paquets, brassées de petit bois pour allumer le feu ; faiseur de fagots est un métier qui ne demande aucune qualification, mais qui rapporte peu d'argent.
3. Rudiment : manuel scolaire (à la petite école).
4. Peste (de) : interjection de mépris ; équivaut à « maudit soit ». Ici, « maudit soit le sacré fou ; maudite soit la charogne ».

Martine : C'est bien à toi, vraiment, à te plaindre de cette affaire !
Devrais-tu être un seul moment sans rendre grâces au Ciel de m'avoir
20 pour ta femme ? et méritais-tu d'épouser une personne comme moi ?

Sganarelle : Il est vrai que tu me fis trop d'honneur, et que j'eus lieu
de me louer la première nuit de nos noces ! Hé ! morbleu [1] ! ne me fais
point parler là-dessus ; je dirais de certaines choses…

Martine : Quoi ! que dirais-tu ?

25 **Sganarelle :** Baste [2] ! laissons là ce chapitre. Il suffit que nous savons
ce que nous savons, et que tu fus bien heureuse de me trouver.

Martine : Qu'appelles-tu bien heureuse de te trouver ? Un homme
qui me réduit à l'hôpital [3], un débauché, un traître, qui me mange
tout ce que j'ai ?

30 **Sganarelle :** Tu as menti ; j'en bois une partie.

Martine : Qui me vend, pièce à pièce, tout ce qui est dans le logis.

Sganarelle : C'est vivre de ménage [4].

Martine : Qui m'a ôté jusqu'au lit [5] que j'avais.

Sganarelle : Tu t'en lèveras plus matin.

35 **Martine :** Enfin qui ne laisse aucun meuble dans toute la maison.

Sganarelle : On en déménage plus aisément.

Martine : Et qui, du matin jusqu'au soir, ne fait que jouer et que boire.

Sganarelle : C'est pour ne me point ennuyer.

Martine : Et que veux-tu, pendant ce temps, que je fasse avec
40 ma famille ?

---

1. Morbleu ! : juron ; déformation de « mort de Dieu ! ».
2. Baste ! : interjection d'indifférence signifiant : « Ah ! laisse tomber ! ».
3. Hôpital : établissement qui hébergeait parfois les pauvres.
4. Vivre de ménage : ménager, économiser ; jeu de mots avec « vivre en vendant le ménage »
   (les meubles).
5. Lit : le lit, les meubles pour la literie et les vêtements faisaient partie de la dot que la future
   épouse apportait au couple.

SGANARELLE : Tout ce qu'il te plaira.

MARTINE : J'ai quatre pauvres petits enfants sur les bras.

SGANARELLE : Mets-les à terre.

MARTINE : Qui me demandent à toute heure du pain.

45 **SGANARELLE** : Donne-leur le fouet. Quand j'ai bien bu et bien mangé, je veux que tout le monde soit saoul [1] dans ma maison.

MARTINE : Et tu prétends, ivrogne, que les choses aillent toujours de même ?

SGANARELLE : Ma femme, allons tout doucement, s'il vous plaît.

50 **MARTINE** : Que j'endure éternellement tes insolences et tes débauches ?

SGANARELLE : Ne nous emportons point, ma femme.

MARTINE : Et que je ne sache pas trouver le moyen de te ranger à ton devoir ?

SGANARELLE : Ma femme, vous savez que je n'ai pas l'âme endurante 55 et que j'ai le bras assez bon.

MARTINE : Je me moque de tes menaces.

SGANARELLE : Ma petite femme, ma mie [2], votre peau vous démange, à votre ordinaire.

MARTINE : Je te montrerai bien que je ne te crains nullement.

60 **SGANARELLE** : Ma chère moitié, vous avez envie de me dérober quelque chose [3].

MARTINE : Crois-tu que je m'épouvante de tes paroles ?

SGANARELLE : Doux objets de mes vœux, je vous frotterai les oreilles.

---

1. Saoul : repu, comblé (ici, de coups de fouet) ; jeu de mots, car il est souvent ivre.
2. Ma mie : terme affectueux, déformation de « mon amie » (m'amie).
3. De me dérober quelque chose : de m'obliger à vous battre.

Monique Joly (Martine) et Pierre Thériault (Sganarelle)
dans une représentation du *Médecin malgré lui*.

Théâtre du Nouveau Monde, 1962-1963.
Mise en scène de Jean Gascon.

Martine : Ivrogne que tu es !

65 **Sganarelle** : Je vous battrai.

Martine : Sac à vin !

Sganarelle : Je vous rosserai.

Martine : Infâme !

Sganarelle : Je vous étrillerai.

70 **Martine** : Traître, insolent, trompeur, lâche, coquin, pendard, gueux, bélître, fripon, maraud [1], voleur !…

Sganarelle (*Il prend un bâton, et lui en donne.*) : Ah ! vous en voulez donc ?

Martine : Ah ! ah ! ah ! ah !

Sganarelle : Voilà le vrai moyen de vous apaiser.

SCÈNE 2 : M. Robert, Sganarelle, Martine

75 **M. Robert** : Holà, holà, holà ! Fi [2] ! Qu'est ceci ? Quelle infamie ! Peste* soit le coquin, de battre ainsi sa femme !

Martine, *les mains sur les côtés, lui parle en le faisant reculer, et à la fin lui donne un soufflet* : Et je veux qu'il me batte, moi.

M. Robert : Ah ! j'y consens de tout mon cœur.

80 **Martine** : De quoi vous mêlez-vous ?

M. Robert : J'ai tort.

Martine : Est-ce là votre affaire ?

---

1. Pendard, gueux, bélître, fripon, maraud : insultes signifiant « qui mérite d'être pendu, mendiant, coquin sans bien ni honneur, escroc et vaurien ».
2. Fi ! : interjection de désapprobation.

M. Robert : Vous avez raison.

Martine : Voyez un peu cet impertinent, qui veut empêcher les maris
85 de battre leurs femmes.

M. Robert : Je me rétracte.

Martine : Qu'avez-vous à voir là-dessus ?

M. Robert : Rien.

Martine : Est-ce à vous d'y mettre le nez ?

90 **M. Robert** : Non.

Martine : Mêlez-vous de vos affaires.

M. Robert : Je ne dis plus mot.

Martine : Il me plaît d'être battue.

M. Robert : D'accord.

95 **Martine** : Ce n'est pas à vos dépens.

M. Robert : Il est vrai.

Martine : Et vous êtes un sot de venir vous fourrer où vous n'avez
que faire. (*Elle lui donne un soufflet.*)

M. Robert (*Il passe ensuite vers le mari, qui pareillement lui parle toujours*
100 *en le faisant reculer, le frappe avec le même bâton et le met en fuite ; il dit à la*
fin :) Compère [1], je vous demande pardon de tout mon cœur. Faites,
rossez, battez comme il faut votre femme ; je vous aiderai si vous
le voulez.

Sganarelle : Il ne me plaît pas, moi.

105 **M. Robert** : Ah ! c'est une autre chose.

Sganarelle : Je la veux battre si je le veux, et ne la veux pas battre si
je ne le veux pas.

---

1. Compère : terme de familiarité ; M. Robert est un voisin.

M. Robert : Fort bien.

Sganarelle : C'est ma femme, et non pas la vôtre.

110 **M. Robert** : Sans doute.

Sganarelle : Vous n'avez rien à me commander.

M. Robert : D'accord.

Sganarelle : Je n'ai que faire de votre aide.

M. Robert : Très volontiers.

115 **Sganarelle** : Et vous êtes un impertinent, de vous ingérer des affaires d'autrui. Apprenez que Cicéron dit qu'entre l'arbre et le doigt il ne faut point mettre l'écorce [1]. (*Il bat M. Robert et le chasse. Ensuite il revient vers sa femme, et lui dit en lui pressant la main :*) Oh çà, faisons la paix nous deux. Touche là [2].

120 **Martine** : Oui ! après m'avoir ainsi battue !

Sganarelle : Cela n'est rien. Touche.

Martine : Je ne veux pas.

Sganarelle : Eh !

Martine : Non.

125 **Sganarelle** : Ma petite femme !

Martine : Point.

Sganarelle : Allons, te dis-je.

Martine : Je n'en ferai rien.

Sganarelle : Viens, viens, viens.

---

1. Déformation du proverbe « Entre l'arbre et l'écorce, il ne faut pas mettre le doigt », que Sganarelle attribue faussement à Cicéron (orateur romain, 1er siècle av. J.-C.).
2. Touche là : serrons-nous la main, en signe de réconciliation.

130 **MARTINE** : Non, je veux être en colère.

SGANARELLE : Fi* ! c'est une bagatelle. Allons, allons.

MARTINE : Laisse-moi là.

SGANARELLE : Touche, te dis-je.

MARTINE : Tu m'as trop maltraitée.

135 **SGANARELLE** : Eh bien ! va, je te demande pardon ; mets là ta main.

MARTINE : Je te pardonne ; (*elle dit le reste bas*) mais tu le payeras.

SGANARELLE : Tu es une folle de prendre garde à cela ; ce sont petites choses qui sont de temps en temps nécessaires dans l'amitié [1], et cinq ou six coups de bâton entre gens qui s'aiment ne font que ragaillardir
140 l'affection. Va, je m'en vais au bois, et je te promets aujourd'hui plus d'un cent [2] de fagots*.

SCÈNE 3 : MARTINE

MARTINE, *seule* : Va, quelque mine que je fasse, je n'oublierai pas mon ressentiment, et je brûle en moi-même de trouver les moyens de te punir des coups que tu me donnes. Je sais bien qu'une femme a tou-
145 jours dans les mains de quoi se venger d'un mari ; mais c'est une punition trop délicate pour mon pendard*. Je veux une vengeance qui se fasse un peu mieux sentir ; et ce n'est pas contentement [3] pour l'injure que j'ai reçue.

---

1. Amitié (ou amiquié) : amour (par euphémisme).
2. Un cent : une centaine.
3. Ce n'est pas contentement : cette vengeance ne suffit pas à me contenter.

SCÈNE 4 : Valère, Lucas, Martine

Lucas, *à Valère, sans voir Martine* : Parguenne [1] ! j'avons [2] pris là tous
150 deux une guèble de commission [3] ; et je ne sais pas, moi, ce que je pen-
sons attraper.

Valère, *à Lucas, sans voir Martine* : Que veux-tu, mon pauvre nourricier [4] ? Il faut bien obéir à notre maître ; et puis nous avons intérêt,
l'un et l'autre, à la santé de sa fille, notre maîtresse ; et sans doute son
155 mariage, différé par sa maladie, nous vaudra quelque récompense.
Horace, qui est libéral [5], a bonne part aux prétentions qu'on peut
avoir sur sa personne ; et quoiqu'elle ait fait voir de l'amitié pour un
certain Léandre, tu sais bien que son père n'a jamais voulu consentir
à le recevoir pour son gendre.

160 **Martine**, *rêvant à part elle* : Ne puis-je point trouver quelque invention
pour me venger ?

Lucas, *à Valère* : Mais quelle fantaisie s'est-il boutée là dans la tête [6],
puisque les médecins y avont tous pardu leur latin ?

Valère : On trouve quelquefois, à force de chercher, ce qu'on ne
165 trouve pas d'abord [7] ; et souvent, en de simples lieux...

Martine, *se croyant toujours seule* : Oui, il faut que je m'en venge à
quelque prix que ce soit : ces coups de bâton me reviennent au cœur,
je ne les saurais digérer, et... (*Elle dit tout ceci en rêvant, de sorte que, ne
prenant pas garde à ces deux hommes, elle les heurte en se retournant, et leur*
170 *dit :*) Ah ! Messieurs, je vous demande pardon ; je ne vous voyais pas,
et cherchais dans ma tête quelque chose qui m'embarrasse.

---

1. Parguenne ! : juron ; déformation de « par Dieu ! ».
2. Parler des paysans qui fait rire les nobles et les Parisiens.
3. Guèble de commission : une diable de mission, c'est-à-dire une mission difficile.
   La prononciation rappelle le québécois « guiâb'e ».
4. Nourricier : sa femme est nourrice, elle allaite les bébés des riches dames.
5. Horace, qui est libéral : Horace, l'homme à qui Géronte veut marier sa fille, est généreux.
6. Boutée : mise (comme dans les expressions : bouter là dans la tête, bouter le nez dessus, bouter
   la joie au cœur, quand il s'y boute).
7. D'abord : tout de suite, du premier coup.

VALÈRE : Chacun a ses soins [1] dans le monde, et nous cherchons aussi ce que nous voudrions bien trouver.

MARTINE : Serait-ce quelque chose où [2] je vous puisse aider ?

175 **VALÈRE** : Cela se pourrait faire ; et nous tâchons de rencontrer quelque habile homme, quelque médecin particulier [3] qui pût donner quelque soulagement à la fille de notre maître, attaquée d'une maladie qui lui a ôté tout d'un coup l'usage de la langue. Plusieurs médecins ont déjà épuisé toute leur science après elle ; mais on trouve parfois

180 des gens avec des secrets admirables, de certains remèdes particuliers, qui font le plus souvent ce que les autres n'ont su faire, et c'est là ce que nous cherchons.

MARTINE (*elle dit ces premières lignes bas* :) Ah ! que le Ciel m'inspire une admirable invention pour me venger de mon pendard ! (*Haut.*) Vous

185 ne pouviez jamais vous mieux adresser pour rencontrer ce que vous cherchez ; et nous avons un homme, le plus merveilleux homme du monde, pour les maladies désespérées.

VALÈRE : Et de grâce, où pouvons-nous le rencontrer ?

MARTINE : Vous le trouverez maintenant vers ce petit lieu que voilà,

190 qui s'amuse à couper du bois.

LUCAS : Un médecin qui coupe du bois ?

VALÈRE : Qui s'amuse à cueillir des simples [4], voulez-vous dire ?

MARTINE : Non ; c'est un homme extraordinaire qui se plaît à cela, fantasque, bizarre, quinteux [5], et que vous ne prendriez jamais pour ce qu'il

195 est. Il va vêtu d'une façon extravagante [6], affecte quelquefois de paraître ignorant, tient sa science renfermée, et ne fuit rien tant tous les jours que d'exercer les merveilleux talents qu'il a eus du Ciel pour la médecine.

---

1. Soins : soucis.
2. Où : avec quoi.
3. Particulier : hors de l'ordinaire.
4. Simples : plantes médicinales.
5. Quinteux : capricieux, excentrique.
6. Vêtu d'une façon extravagante : les vêtements de Sganarelle, jaune et vert (ACTE I, SCÈNE IV, ligne 212), contrastent avec ceux des médecins, qui portaient une toge noire et un chapeau pointu.

VALÈRE : C'est une chose admirable, que tous les grands hommes ont toujours du caprice, quelque petit grain de folie mêlé à leur science.

200 **MARTINE** : La folie de celui-ci est plus grande qu'on ne peut croire, car elle va parfois jusqu'à vouloir être battu pour demeurer d'accord de sa capacité [1] ; et je vous donne avis que vous n'en viendrez point à bout, qu'il n'avouera jamais qu'il est médecin, s'il se le met en fantaisie, que [2] vous ne preniez chacun un bâton et ne le réduisiez, à force 205 de coups, à vous confesser à la fin ce qu'il vous cachera d'abord*. C'est ainsi que nous en usons [3] quand nous avons besoin de lui.

VALÈRE : Voilà une étrange folie !

MARTINE : Il est vrai, mais, après cela, vous verrez qu'il fait des merveilles.

VALÈRE : Comment s'appelle-t-il ?

210 **MARTINE** : Il s'appelle Sganarelle ; mais il est aisé à connaître : c'est un homme qui a une large barbe [4] noire, et qui porte une fraise [5], avec un habit jaune et vert.

LUCAS : Un habit jaune et vart ! C'est donc le médecin des paroquets ?

VALÈRE : Mais est-il bien vrai qu'il soit si habile que vous le dites ?

215 **MARTINE** : Comment ! C'est un homme qui fait des miracles. Il y a six mois qu'une femme fut abandonnée de tous les autres médecins. On la tenait [6] morte, il y avait déjà six heures, et l'on se disposait à l'ensevelir, lorsqu'on y fit venir de force l'homme dont nous parlons. Il lui mit, l'ayant vue, une petite goutte de je ne sais quoi dans la bouche, 220 et, dans le même instant, elle se leva de son lit et se mit aussitôt à se promener dans sa chambre, comme si de rien n'eût été.

LUCAS : Ah !

---

1. Demeurer d'accord de sa capacité : admettre qu'il possède ce talent.
2. Que : à moins que.
3. Que nous en usons : que nous procédons.
4. Barbe : en fait, de longues moustaches, comme celles de Molière.
5. Fraise : col de tissu blanc plissé, passé de mode à l'époque de Molière.
6. Tenait : croyait.

VALÈRE : Il fallait que ce fût quelque goutte d'or potable [1].

MARTINE : Cela pourrait bien être. Il n'y a pas trois semaines encore
225 qu'un jeune enfant de douze ans tomba du haut du clocher en bas et
se brisa, sur le pavé, la tête, les bras et les jambes. On n'y eut pas plus
tôt amené notre homme, qu'il le frotta par tout le corps d'un certain
onguent qu'il sait faire, et l'enfant aussitôt se leva sur ses pieds et
courut jouer à la fossette [2].

230 **LUCAS** : Ah !

VALÈRE : Il faut que cet homme-là ait la médecine universelle.

MARTINE : Qui en doute ?

LUCAS : Testigué [3] ! velà justement l'homme qu'il nous faut. Allons
vite le charcher.

235 **VALÈRE** : Nous vous remercions du plaisir que vous nous faites.

MARTINE : Mais souvenez-vous bien au moins de l'avertissement que
je vous ai donné.

LUCAS : Eh ! morguenne [4] ! laissez-nous faire ; s'il ne tient qu'à battre,
la vache est à nous.

240 **VALÈRE**, *à Lucas* : Nous sommes bien heureux d'avoir fait cette rencontre ; et j'en conçois, pour moi, la meilleure espérance du monde.

SCÈNE 5 : SGANARELLE, VALÈRE, LUCAS

SGANARELLE *entre sur le théâtre en chantant et tenant une bouteille* : La, la, la.

VALÈRE : J'entends quelqu'un qui chante, et qui coupe du bois.

---

1. Or potable : inaltérable, l'or avait la réputation d'accomplir des prodiges.
2. Fossette : jeu de billes.
3. Testigué ! : juron ; déformation de « tête de Dieu ! ».
4. Morguenne ! (ou morgué !) : juron ; « mort de Dieu ! » ; ressemble au québécois « bon yenne »
ou « bon yeu », pour « bon Dieu ».

SGANARELLE: La, la, la… Ma foi, c'est assez travaillé pour boire un
245 coup. Prenons un peu d'haleine. (*Il boit, et dit après avoir bu*:) Voilà du
bois qui est salé[1] comme tous les diables. (*Il chante.*)

> *Qu'ils sont doux,*
> *Bouteille jolie,*
> *Qu'ils sont doux,*
250   *Vos petits glou-gloux!*
> *Mais mon sort ferait bien des jaloux,*
> *Si vous étiez toujours remplie.*
> *Ah! bouteille, ma mie*,*
> *Pourquoi vous vuidez-vous?*

255 Allons, morbleu*! il ne faut point engendrer de mélancolie.

VALÈRE, *bas à Lucas*: Le voilà lui-même.

LUCAS, *bas à Valère*: Je pense que vous dites vrai, et que j'avons bouté*
le nez dessus.

VALÈRE: Voyons de près.

260 **SGANARELLE**, *les apercevant, les regarde, en se tournant vers l'un et puis vers
l'autre, et abaissant la voix, dit en embrassant sa bouteille*: Ah! ma petite fri-
ponne! que je t'aime, mon petit bouchon! (*Il chante.*)
> *… Mon sort… ferait… bien des… jaloux,*
> *Si…*
265 Que diable! à qui en veulent ces gens-là?

VALÈRE, *à Lucas*: C'est lui assurément.

LUCAS, *à Valère*: Le velà tout craché comme on nous l'a défiguré[2].

SGANARELLE: à part (*Ici il pose sa bouteille à terre et, Valère se baissant pour
le saluer, comme il croit que c'est à dessein de la prendre, il la met de l'autre côté;
270 ensuite de quoi, Lucas faisant la même chose, il la reprend et la tient contre son
estomac, avec divers gestes qui font un grand jeu de théâtre.*): Ils consultent[3]
en me regardant. Quel dessein auraient-ils?

---

1. Qui est salé: qui donne soif, manger salé aussi.
2. Défiguré: dépeint.
3. Ils consultent: ils se consultent, ils discutent.

Valère : Monsieur, n'est-ce pas vous qui vous appelez Sganarelle ?

Sganarelle : Eh quoi ?

275   **Valère** : Je vous demande si ce n'est pas vous qui se nomme Sganarelle.

Sganarelle, *se tournant vers Valère puis vers Lucas* : Oui et non, selon ce que vous lui voulez.

Valère : Nous ne voulons que lui faire toutes les civilités que nous pourrons.

280   **Sganarelle** : En ce cas, c'est moi qui se nomme Sganarelle.

Valère : Monsieur, nous sommes ravis de vous voir. On nous a adressés à vous pour ce que nous cherchons, et nous venons implorer votre aide, dont nous avons besoin.

Sganarelle : Si c'est quelque chose, Messieurs, qui dépende de mon
285   petit négoce, je suis tout prêt à vous rendre service.

Valère : Monsieur, c'est trop de grâce que vous nous faites. Mais, Monsieur, couvrez-vous, s'il vous plaît ; le soleil pourrait vous incommoder.

Lucas : Monsieu, boutez* dessus.

290   **Sganarelle**, *à part* : Voici des gens bien pleins de cérémonie. (*Il se couvre.*)

Valère : Monsieur, il ne faut pas trouver étrange que nous venions à vous : les habiles gens sont toujours recherchés, et nous sommes instruits de votre capacité.

295   **Sganarelle** : Il est vrai, Messieurs, que je suis le premier homme du monde pour faire des fagots*.

Valère : Ah ! Monsieur…

Sganarelle : Je n'y épargne aucune chose, et les fais d'une façon qu'il n'y a rien à dire.

300   **Valère** : Monsieur, ce n'est pas cela dont il est question.

Sganarelle : Mais aussi je les vends cent dix sols le cent*.

Valère : Ne parlons point de cela, s'il vous plaît.

Sganarelle : Je vous promets que je ne saurais les donner à moins.

Valère : Monsieur, nous savons les choses.

305   **Sganarelle** : Si vous savez les choses, vous savez que je les vends cela.

Valère : Monsieur, c'est se moquer que…

Sganarelle : Je ne me moque point, je n'en puis rien rabattre[1].

Valère : Parlons d'autre façon, de grâce.

Sganarelle : Vous en pourrez trouver autre part à moins : il y a
310   fagots et fagots ; mais pour ceux que je fais…

Valère : Eh ! Monsieur, laissons là ce discours.

Sganarelle : Je vous jure que vous ne les auriez pas, s'il s'en fallait
un double[2].

Valère : Eh ! fi* !

315   **Sganarelle** : Non, en conscience, vous en payerez cela. Je vous parle
sincèrement, et ne suis pas homme à surfaire[3].

Valère : Faut-il, Monsieur, qu'une personne comme vous s'amuse à
ces grossières feintes ! s'abaisse à parler de la sorte ! qu'un homme si
savant, un fameux médecin, comme vous êtes, veuille se déguiser aux
320   yeux du monde et tenir enterrés les beaux talents qu'il a !

Sganarelle, *à part* : Il est fou.

Valère : De grâce, Monsieur, ne dissimulez point avec nous.

Sganarelle : Comment ?

Lucas : Tout ce tripotage ne sart de rian ; je savons cen que je savons.

---

1. Je n'en puis rien rabattre : je ne peux en baisser le prix.
2. S'il s'en fallait un double : même si vous me donniez un double en moins ; un double vaut
deux deniers, soit un sixième de sou.
3. Surfaire : exagérer le prix.

325 **Sganarelle** : Quoi donc ? que me voulez-vous dire ? Pour qui me prenez-vous ?

Valère : Pour ce que vous êtes, pour un grand médecin.

Sganarelle : Médecin vous-même : je ne le suis point, et ne l'ai jamais été.

330 **Valère**, *bas* : Voilà sa folie qui le tient. (*Haut.*) Monsieur, ne veuillez point nier les choses davantage ; et n'en venons point, s'il vous plaît, à de fâcheuses extrémités.

Sganarelle : À quoi donc ?

Valère : À de certaines choses dont nous serions marris [1].

335 **Sganarelle** : Parbleu ! venez-en à tout ce qu'il vous plaira ; je ne suis point médecin, et ne sais ce que vous me voulez dire.

Valère, *bas* : Je vois bien qu'il se faut servir du remède. (*Haut.*) Monsieur, encore un coup, je vous prie d'avouer ce que vous êtes.

Lucas : Et testigué* ! ne lantiponez [2] point davantage, et confessez à 340 la franquette [3] que v'êtes médecin.

Sganarelle, *à part* : J'enrage.

Valère : À quoi bon nier ce qu'on sait ?

Lucas : Pourquoi toutes ces fraimes-là [4] ? à quoi est-ce que ça vous sart ?

Sganarelle : Messieurs, en un mot autant qu'en deux mille, je vous 345 dis que je ne suis point médecin.

Valère : Vous n'êtes point médecin ?

Sganarelle : Non.

Lucas : V'n'êtes pas médecin ?

---

1. Marris : désolés.
2. Ne latiponez point : ne perdez point votre temps avec des sottises (en québécois, « taponner »). On voit aussi le nom lantiponage.
3. À la franquette : franchement.
4. Fraimes : ruses, artifices.

Sganarelle : Non, vous dis-je.

350 **Valère** : Puisque vous le voulez, il faut s'y résoudre. (*Ils prennent un bâton et le frappent.*)

Sganarelle : Ah ! ah ! ah ! Messieurs, je suis tout ce qu'il vous plaira.

Valère : Pourquoi, Monsieur, nous obligez-vous à cette violence ?

Lucas : À quoi bon nous bailler [1] la peine de vous battre ?

355 **Valère** : Je vous assure que j'en ai tous les regrets du monde.

Lucas : Par ma figué [2] ! j'en sis fâché, franchement.

Sganarelle : Que diable est ceci, Messieurs ? De grâce, est-ce pour rire, ou si tous deux vous extravaguez [3], de vouloir que je sois médecin ?

Valère : Quoi ! vous ne vous rendez pas encore, et vous vous défendez 360 d'être médecin ?

Sganarelle : Diable emporte [4] si je le suis !

Lucas : Il n'est pas vrai qu'vous sayez médecin ?

Sganarelle : Non, la peste m'étouffe [5] ! (*Là, ils recommencent de le battre.*) Ah ! ah ! Hé bien ! Messieurs, oui, puisque vous le voulez, je 365 suis médecin, je suis médecin ; apothicaire encore, si vous le trouvez bon. J'aime mieux consentir à tout que de me faire assommer.

Valère : Ah ! voilà qui va bien, Monsieur ; je suis ravi de vous voir raisonnable.

Lucas : Vous me boutez* la joie au cœur, quand je vous vois parler 370 comme ça.

Valère : Je vous demande pardon de toute mon âme.

Lucas : Je vous demandons excuse de la libarté que j'avons prise.

---

1. Bailler : donner.
2. Par ma figué ! : juron ; déformation de « par ma foi en Dieu ! ».
3. Extravaguez : divaguez, verbe formé à partir de l'adjectif « extravagant ».
4. Diable emporte : on dirait, de nos jours, « que le diable m'emporte ».
5. La peste m'étouffe ! : que je meure de la peste (si je mens) !

SGANARELLE, *à part* : Ouais ! serait-ce bien moi qui me tromperais, et serais-je devenu médecin sans m'en être aperçu ?

375 **VALÈRE** : Monsieur, vous ne vous repentirez pas de nous montrer ce que vous êtes, et vous verrez assurément que vous en serez satisfait.

SGANARELLE : Mais, Messieurs, dites-moi, ne vous trompez-vous point vous-mêmes ? Est-il bien assuré que je sois médecin ?

LUCAS : Oui, par ma figué* !

380 **SGANARELLE** : Tout de bon ?

VALÈRE : Sans doute.

SGANARELLE : Diable emporte* si je le savais !

VALÈRE : Comment ! vous êtes le plus habile médecin du monde.

SGANARELLE : Ah ! ah !

385 **LUCAS** : Un médecin qui a guari je ne sais combien de maladies.

SGANARELLE : Tudieu[1] !

VALÈRE : Une femme était tenue pour morte il y avait six heures ; elle était prête à ensevelir, lorsque, avec une goutte de quelque chose, vous la fîtes revenir et marcher d'abord* par la chambre.

390 **SGANARELLE** : Peste* !

LUCAS : Un petit enfant de douze ans se laissit choir du haut d'un clocher, de quoi il eut la tête, les jambes et les bras cassés ; et vous, avec je ne sais quel onguent, vous fîtes qu'aussitôt il se relevit sur ses pieds et s'en fut jouer à la fossette*.

395 **SGANARELLE** : Diantre[2] !

VALÈRE : Enfin, Monsieur, vous aurez contentement avec nous ; et vous gagnerez ce que vous voudrez, en vous laissant conduire où nous prétendons vous mener.

---

1. Tudieu ! : juron ; déformation de « que je tue Dieu ! ».
2. Diantre ! : juron ; déformation de « diable ! ».

SGANARELLE : Je gagnerai ce que je voudrai ?

400 **VALÈRE** : Oui.

SGANARELLE : Ah ! je suis médecin, sans contredit. Je l'avais oublié, mais je m'en ressouviens. De quoi est-il question ? Où faut-il se transporter ?

VALÈRE : Nous vous conduirons. Il est question d'aller voir une fille
405 qui a perdu la parole.

SGANARELLE : Ma foi ! je ne l'ai pas trouvée.

VALÈRE, *bas, à Lucas* : Il aime à rire. (*À Sganarelle.*) Allons, Monsieur.

SGANARELLE : Sans une robe de médecin [1] ?

VALÈRE : Nous en prendrons une.

410 **SGANARELLE**, *présentant sa bouteille à Valère* : Tenez cela, vous : voilà où je mets mes juleps [2]. (*Puis se tournant vers Lucas en crachant.*) Vous, marchez là-dessus, par ordonnance du médecin.

LUCAS : Palsanguenne [3] ! velà un médecin qui me plaît ; je pense qu'il réussira, car il est bouffon.

---

1. Robe de médecin : voir la note 6, à la page 16.
2. Juleps : potions, élixirs.
3. Palsanguenne ! : juron ; déformation de « par le sang de Dieu ! ».

Les très brèves indications scéniques données par Molière ont permis des mises en scène variées, parfois même farfelues du *Médecin malgré lui*.

Théâtre du Nouveau Monde, 1962-1963.
Mise en scène de Jean Gascon.

Dans cette représentation, l'action se situe du temps
de la Nouvelle-France, ce qui explique
les costumes amérindiens et ceux des colons.

Théâtre du Nouveau Monde, 1962-1963.
Mise en scène de Jean Gascon.

ACTE II

SCÈNE 1 : Géronte, Valère, Lucas, Jacqueline

La scène représente une pièce dans la maison de Géronte.

415 Valère : Oui, Monsieur, je crois que vous serez satisfait ; et nous avons amené le plus grand médecin du monde.

Lucas : Oh ! morguenne* ! il faut tirer l'échelle après ceti-là, et tous les autres ne sont pas daignes de li déchausser ses souillez [1].

Valère : C'est un homme qui a fait des cures merveilleuses.

420 Lucas : Qui a gari des gens qui êtiant morts.

Valère : Il est un peu capricieux, comme je vous ai dit ; et parfois il y a des moments où son esprit s'échappe et ne paraît pas ce qu'il est.

Lucas : Oui, il aime à bouffonner, et l'an dirait parfois, ne v's en déplaise, qu'il a quelque petit coup de hache à la tête.

425 Valère : Mais, dans le fond, il est toute science, et bien souvent il dit des choses tout à fait relevées.

Lucas : Quand il s'y boute*, il parle tout fin drait comme s'il lisait dans un livre.

Valère : Sa réputation s'est déjà répandue ici, et tout le monde vient 430 à lui.

Géronte : Je meurs d'envie de le voir ; faites-le-moi vite venir.

Valère : Je vais le quérir.

---

1. Il faut tirer l'échelle après celui-là (personne n'est meilleur que celui-là), et tous les autres ne sont pas dignes de lui déchausser (enlever) ses souliers. Soyez attentif, dans la suite du texte, aux mots déformés, aux prononciations populaires, etc. : Molière tente de reproduire la langue des paysans.

JACQUELINE : Par ma fi [1]! Monsieu, ceti-ci fera justement ce qu'ant fait les autres. Je pense que ce sera queussi queumi [2]; et la meilleure
435 médeçaine que l'an pourrait bailler* à votre fille, ce serait, selon moi, un biau et bon mari, pour qui elle eût de l'amiquié*.

GÉRONTE : Ouais ! Nourrice*, ma mie*, vous vous mêlez de bien des choses.

LUCAS : Taisez-vous, notre ménagère Jaquelaine : ce n'est pas à vous à
440 bouter là votre nez.

JACQUELINE : Je vous dis et vous douze [3] que tous ces médecins n'y feront rian que de l'iau claire [4]; que votre fille a besoin d'autre chose que de ribarbe et de séné [5], et qu'un mari est une emplâtre [6] qui garit tous les maux des filles.

445 GÉRONTE : Est-elle en état maintenant qu'on s'en voulût charger, avec l'infirmité qu'elle a ? Et lorsque j'ai été dans le dessein de la marier, ne s'est-elle pas opposée à mes volontés ?

JACQUELINE : Je le crois bian ; vous li vouilliez bailler eun homme qu'alle n'aime point. Que ne preniais-vous ce Monsieu Liandre, qui li
450 touchait au cœur ? Alle aurait été fort obéissante ; et je m'en vas gager qu'il la prendrait, li, comme alle est, si vous la li vouillais donner.

GÉRONTE : Ce Léandre n'est pas ce qu'il lui faut : il n'a pas du bien comme l'autre.

JACQUELINE : Il a un oncle qui est si riche, dont il est hériquié.

455 GÉRONTE : Tous ces biens à venir me semblent autant de chansons [7]. Il n'est rien tel que ce qu'on tient ; et l'on court grand risque de

---

1. Par ma fi ! : par ma foi, c'est-à-dire en toute sincérité, sur mon honneur.
2. Queussi queumi : exactement pareil ; l'expression rappelle « bonnet blanc, blanc bonnet ».
3. Je vous dis et vous douze : jeu de mots d'après des ressemblances de prononciation (dix, douze).
4. N'y feront rian que de l'iau claire : ne seront pas plus efficaces que si on lui donnait de l'eau claire.
5. Ribarbe, séné : plantes médicinales (purgatives).
6. Emplâtre : (nom ordinairement masculin) médicament, application sur une plaie d'un morceau de tissu ou de cuir enduit d'une pâte médicamenteuse. Le mot désigne aussi un bon à rien.
7. Chansons : paroles ou promesses en l'air.

s'abuser [1], lorsque l'on compte sur le bien qu'un autre vous garde. La mort n'a pas toujours les oreilles ouvertes aux vœux et aux prières de Messieurs les héritiers ; et l'on a le temps d'avoir les dents longues,
460 lorsqu'on attend, pour vivre, le trépas de quelqu'un.

JACQUELINE : Enfin j'ai toujours ouï dire qu'en mariage, comme ailleurs, contentement passe [2] richesse. Les bères et les mères ant cette maudite couteume de demander toujours : « Qu'a-t-il ? » et : « Qu'a-t-elle ? » Et le compère* Biarre a marié sa fille Simonette au gros
465 Thomas pour un quarquié de vaigne [3] qu'il avait davantage que le jeune Robin, où [4] alle avait bouté* son amiquié* ; et velà que la pauvre creiature en est devenue jaune comme un coing, et n'a point profité tout depuis ce temps-là. C'est un bel exemple pour vous, Monsieu. On n'a que son plaisir en ce monde ; et j'aimerais mieux bailler* à ma fille
470 eun bon mari qui li fût agréable, que toutes les rentes de la Biausse [5].

GÉRONTE : Peste* ! Madame la Nourrice*, comme vous dégoisez ! Taisez-vous, je vous prie ; vous prenez trop de soin [6], et vous échauffez votre lait.

LUCAS (*En disant ceci, il frappe sur la poitrine de Géronte.*) : Morgué* ! tais-
475 toi, t'es eune impartinante. Monsieu n'a que faire de tes discours, et il sait ce qu'il y a à faire. Mêle-toi de donner à téter à ton enfant, sans tant faire la raisonneuse. Monsieu est le père de sa fille, et il est bon et sage pour voir ce qu'il li faut.

GÉRONTE : Tout doux ! oh ! tout doux !

480 **LUCAS**, *frappant encore sur l'épaule de Géronte* : Monsieu, je veux un peu la mortifier et li apprendre le respect qu'alle vous doit.

GÉRONTE : Oui ; mais ces gestes ne sont pas nécessaires.

---

1. S'abuser : se tromper.
2. Passe : dépasse.
3. Quarquié de vaigne : quartier de vigne, c'est-à-dire le quart d'un arpent de terre planté de vigne ; en somme, bien peu de chose.
4. Où : à qui.
5. Rentes de la Biausse : revenus de la Beauce (province de France) ; on dirait aujourd'hui « pour tout l'or du monde ».
6. Vous prenez trop de soin : vous vous faites trop de soucis, de tracas.

SCÈNE 2 : Valère, Sganarelle, Géronte, Lucas, Jacqueline

Valère : Monsieur, préparez-vous. Voici notre médecin qui entre.

Géronte, *à Sganarelle* : Monsieur, je suis ravi de vous voir chez moi, et
485 nous avons grand besoin de vous.

Sganarelle, *en robe de médecin, avec un chapeau des plus pointus* :
Hippocrate[1] dit… que nous nous couvrions tous deux.

Géronte : Hippocrate dit cela ?

Sganarelle : Oui.

490 **Géronte :** Dans quel chapitre, s'il vous plaît ?

Sganarelle : Dans son chapitre des chapeaux.

Géronte : Puisque Hippocrate le dit, il le faut faire.

Sganarelle : Monsieur le Médecin, ayant appris les merveilleuses choses…

495 **Géronte :** À qui parlez-vous, de grâce ?

Sganarelle : À vous.

Géronte : Je ne suis pas médecin.

Sganarelle : Vous n'êtes pas médecin ?

Géronte : Non, vraiment.

500 **Sganarelle** (*Il prend ici un bâton, et le bat comme on l'a battu.*) : Tout
de bon ?

Géronte : Tout de bon. Ah ! ah ! ah !

---

1. Hippocrate : médecin grec de l'Antiquité (v. 460-v. 377 av. J.-C.), dont les traitements étaient
   basés sur l'observation clinique et la théorie des humeurs, encore en usage du temps de
   Molière (voir « Présentation de l'œuvre », p. 76).

© Guy Dubois.

Sganarelle (Raymond Bouchard), *en robe de médecin, avec un chapeau des plus pointus*: Hippocrate dit… que nous nous couvrions tous deux.

ACTE II, SCÈNE 2, lignes 486 et 487.

ARCHIVES DU THÉÂTRE DU RIDEAU VERT, SAISON 1991-1992.
MISE EN SCÈNE DE GUILLERMO DE ANDREA.

Sganarelle : Vous êtes médecin maintenant : je n'ai jamais eu d'autres licences [1].

505 **Géronte**, *à Valère* : Quel diable d'homme m'avez-vous là amené ?

Valère : Je vous ai bien dit que c'était un médecin goguenard [2].

Géronte : Oui ; mais je l'envoirais [3] promener avec ses goguenarderies.

Lucas : Ne prenez pas garde à ça, Monsieu : ce n'est que pour rire.

Géronte : Cette raillerie ne me plaît pas.

510 **Sganarelle** : Monsieur, je vous demande pardon de la liberté que j'ai prise.

Géronte : Monsieur, je suis votre serviteur [4].

Sganarelle : Je suis fâché…

Géronte : Cela n'est rien.

515 **Sganarelle** : Des coups de bâton…

Géronte : Il n'y a pas de mal.

Sganarelle : Que j'ai eu l'honneur de vous donner.

Géronte : Ne parlons plus de cela. Monsieur, j'ai une fille qui est tombée dans une étrange maladie.

520 **Sganarelle** : Je suis ravi, Monsieur, que votre fille ait besoin de moi ; et je souhaiterais de tout mon cœur que vous en eussiez besoin aussi, vous et toute votre famille, pour vous témoigner l'envie que j'ai de vous servir [5].

---

1. Licences : diplôme universitaire ; le mot subsiste en ce sens dans « licence ès lettres », « licence ès sciences », etc.
2. Goguenard : plaisantin, moqueur. Plus loin, « goguenarderie », une création lexicale, signifie « goguenardise » (plaisanterie, moquerie).
3. Envoirais : enverrais ; peut-être sous l'influence de ses serviteurs, ou encore parce qu'il vient d'être traité comme l'un d'eux, Géronte abandonne le langage bienséant qu'il emploie d'habitude.
4. Je suis votre serviteur : formule employée habituellement pour mettre fin à un entretien, pour prendre congé de quelqu'un. Géronte veut dire qu'il met fin à la consultation, mais Sganarelle réussit à le faire changer d'idée.
5. Il les voudrait tous malades pour les « soigner » !

© Guy Dubois.

Sganarelle (Raymond Bouchard) : Quoi ? est-elle votre femme ?

Lucas (Marcel Leboeuf) : Oui.

Sganarelle (Raymond Bouchard) (*Il fait semblant d'embrasser Lucas, et se tournant du côté de la nourrice, il l'embrasse.*) : Ah ! vraiment, je ne savais pas cela, et je m'en réjouis pour l'amour de l'un et de l'autre.

ACTE II, SCÈNE 2, lignes 542 à 546.

ARCHIVES DU THÉÂTRE DU RIDEAU VERT, SAISON 1991-1992.
MISE EN SCÈNE DE GUILLERMO DE ANDREA.

GÉRONTE : Je vous suis obligé de ces sentiments.

525 SGANARELLE : Je vous assure que c'est du meilleur de mon âme que je vous parle.

GÉRONTE : C'est trop d'honneur que vous me faites.

SGANARELLE : Comment s'appelle votre fille ?

GÉRONTE : Lucinde.

530 SGANARELLE : Lucinde ! Ah ! beau nom à médicamenter ! Lucinde.

GÉRONTE : Je m'en vais voir un peu ce qu'elle fait.

SGANARELLE : Qui est cette grande femme-là ?

GÉRONTE : C'est la nourrice* d'un petit enfant que j'ai.

SGANARELLE, *à part* : Peste* ! le joli meuble que voilà ! (*Haut.*) Ah !
535 nourrice, charmante nourrice, ma médecine est la très humble esclave de votre nourricerie [1], et je voudrais bien être le petit poupon fortuné qui tétât le lait (*il lui porte la main sur le sein*) de vos bonnes grâces. Tous mes remèdes, toute ma science, toute ma capacité est à votre service, et…

540 LUCAS : Avec votre permission, Monsieu le Médecin, laissez là ma femme, je vous prie.

SGANARELLE : Quoi ? est-elle votre femme ?

LUCAS : Oui.

SGANARELLE (*Il fait semblant d'embrasser [2] Lucas, et se tournant du côté de*
545 *la nourrice, il l'embrasse.*) : Ah ! vraiment, je ne savais pas cela, et je m'en réjouis pour l'amour de l'un et de l'autre.

LUCAS, *en le tirant* : Tout doucement, s'il vous plaît.

---

1. Nourricerie : Sganarelle montre ici son peu d'instruction, car il ne s'agit pas de la fonction de nourrice, mais de la pièce destinée aux enfants dans les maisons aisées (*nursery*) ou aux bestiaux en bas âge dans une étable.
2. Embrasser : prendre dans ses bras.

Sganarelle : Je vous assure que je suis ravi que vous soyez unis ensemble. Je la félicite d'avoir (*il fait encore semblant d'embrasser* Lucas*
550 *et, passant dessous ses bras, se jette au col de sa femme*) un mari comme vous ; et je vous félicite, vous, d'avoir une femme si belle, si sage, et si bien faite comme elle est.

Lucas, *en le tirant encore* : Eh ! testigué* ! point tant de compliments, je vous supplie.

555 **Sganarelle** : Ne voulez-vous pas que je me réjouisse avec vous d'un si bel assemblage ?

Lucas : Avec moi, tant qu'il vous plaira ; mais avec ma femme, trêve de sarimonie [1].

Sganarelle : Je prends part également au bonheur de tous deux ; et
560 (*il continue le même jeu*) si je vous embrasse pour vous en témoigner ma joie, je l'embrasse de même pour lui en témoigner aussi.

Lucas, *en le tirant derechef* : Ah ! vartigué [2], Monsieu le Médecin, que de lantiponages*.

SCÈNE 3 : Sganarelle, Géronte, Lucas, Jacqueline

Géronte : Monsieur, voici tout à l'heure [3] ma fille qu'on va vous
565 amener.

Sganarelle : Je l'attends, Monsieur, avec toute la médecine.

Géronte : Où est-elle ?

Sganarelle, *se touchant le front* : Là-dedans.

Géronte : Fort bien.

---

1. Trêve de sarimonie : trêve de cérémonie, c'est-à-dire « cessez d'agir de cette façon ».
2. Vartigué : juron ; déformation de « vertu de Dieu ! ».
3. Tout à l'heure : juste à temps.

570 **SGANARELLE**, *en voulant toucher les tétons de la nourrice**: Mais comme je m'intéresse à toute votre famille, il faut que j'essaye un peu le lait de votre nourrice et que je visite [1] son sein.

LUCAS, *le tirant, en lui faisant faire la pirouette*: Nanin, nanin; je n'avons que faire de ça.

575 **SGANARELLE**: C'est l'office du médecin de voir les tétons des nourrices.

LUCAS: Il gnia office qui quienne, je sis votre sarviteur*.

SGANARELLE: As-tu bien la hardiesse de t'opposer au médecin? Hors de là!

LUCAS: Je me moque de ça.

580 **SGANARELLE**, *en le regardant de travers*: Je te donnerai la fièvre.

JACQUELINE, *prenant Lucas par le bras et lui faisant aussi faire la pirouette*: Ôte-toi de là aussi. Est-ce que je ne sis pas assez grande pour me défendre moi-même, s'il me fait quelque chose qui ne soit pas à faire?

LUCAS: Je ne veux pas qu'il te tâte, moi.

585 **SGANARELLE**: Fi*, le vilain, qui est jaloux de sa femme!

GÉRONTE: Voici ma fille.

SCÈNE 4: LUCINDE, VALÈRE, GÉRONTE, LUCAS, SGANARELLE, JACQUELINE

SGANARELLE: Est-ce là la malade?

GÉRONTE: Oui, je n'ai qu'elle de fille; et j'aurais tous les regrets du monde si elle venait à mourir.

---

1. Jeu de mots, au sens de visite médicale.

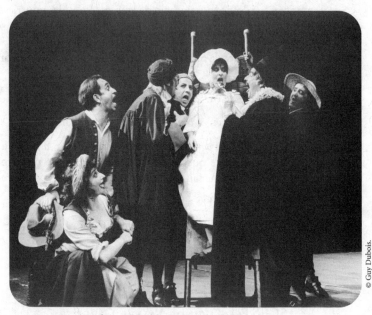

LUCINDE (Guylaine Tremblay) : Han, hi, hon.

SGANARELLE (Raymond Bouchard), *la contrefaisant* : Han, hi, hon, han, ha. Je ne vous entends point. Quel diable de langage est-ce là ?

ACTE II, SCÈNE 4, lignes 605 à 607.

ARCHIVES DU THÉÂTRE DU RIDEAU VERT, SAISON 1991-1992.
MISE EN SCÈNE DE GUILLERMO DE ANDREA.

590 **Sganarelle** : Qu'elle s'en garde bien ! il ne faut pas qu'elle meure sans l'ordonnance du médecin.

Géronte : Allons, un siège.

Sganarelle, *assis entre Géronte et Lucinde* : Voilà une malade qui n'est pas tant dégoûtante, et je tiens qu'un homme bien sain s'en accom-
595 moderait assez.

Géronte : Vous l'avez fait rire, Monsieur.

Sganarelle : Tant mieux. Lorsque le médecin fait rire le malade, c'est le meilleur signe du monde. (*À Lucinde.*) Eh bien ! de quoi est-il ques-tion ? qu'avez-vous ? quel est le mal que vous sentez ?

600 **Lucinde** *répond par signes, en portant sa main à sa bouche, à sa tête et sous son menton* : Han, hi, ho, han.

Sganarelle : Eh ! que dites-vous ?

Lucinde *continue les mêmes gestes* : Han, hi, hon, han, han, hi, hon.

Sganarelle : Quoi ?

605 **Lucinde** : Han, hi, hon.

Sganarelle, *la contrefaisant* : Han, hi, hon, han, ha. Je ne vous entends [1] point. Quel diable de langage est-ce là ?

Géronte : Monsieur, c'est là sa maladie. Elle est devenue muette, sans que jusques ici on en ait pu savoir la cause ; et c'est un accident qui a
610 fait reculer son mariage.

Sganarelle : Et pourquoi ?

Géronte : Celui qu'elle doit épouser veut attendre sa guérison pour conclure les choses.

Sganarelle : Et qui est ce sot-là qui ne veut pas que sa femme soit
615 muette ? Plût à Dieu que la mienne eût cette maladie ! je me garderais bien de la vouloir guérir.

---

1. Entends : comprends.

GÉRONTE : Enfin, Monsieur, nous vous prions d'employer tous vos soins pour la soulager de son mal.

SGANARELLE : Ah ! ne vous mettez pas en peine. Dites-moi un peu, ce
620　mal l'oppresse-t-il beaucoup ?

GÉRONTE : Oui, Monsieur.

SGANARELLE : Tant mieux. Sent-elle de grandes douleurs ?

GÉRONTE : Fort grandes.

SGANARELLE : C'est fort bien fait. Va-t-elle où vous savez ?

625　**GÉRONTE** : Oui.

SGANARELLE : Copieusement ?

GÉRONTE : Je n'entends* rien à cela.

SGANARELLE : La matière est-elle louable [1] ?

GÉRONTE : Je ne me connais pas à ces choses.

630　**SGANARELLE**, *se tournant vers la malade* : Donnez-moi votre bras. (*À Géronte.*) Voilà un pouls qui marque que votre fille est muette.

GÉRONTE : Eh oui, Monsieur, c'est là son mal ; vous l'avez trouvé tout du premier coup.

SGANARELLE : Ah, ah !

635　**JACQUELINE** : Voyez comme il a deviné sa maladie !

SGANARELLE : Nous autres grands médecins, nous connaissons d'abord* les choses. Un ignorant aurait été embarrassé, et vous eût été dire : « C'est ceci, c'est cela » ; mais moi, je touche au but du premier coup, et je vous apprends que votre fille est muette.

640　**GÉRONTE** : Oui ; mais je voudrais bien que vous me puissiez dire d'où cela vient.

---

1. Matière louable : selles normales ; par pudeur, on ne parlait pas directement des selles, que les médecins examinaient pour y détecter des signes de maladie.

SGANARELLE : Il n'est rien de plus aisé : cela vient de ce qu'elle a perdu la parole.

GÉRONTE : Fort bien ; mais la cause, s'il vous plaît, qui fait qu'elle a
645 perdu la parole ?

SGANARELLE : Tous nos meilleurs auteurs vous diront que c'est l'empêchement de l'action de sa langue.

GÉRONTE : Mais encore, vos sentiments sur cet empêchement de l'action de sa langue ?

650 **SGANARELLE** : Aristote, là-dessus, dit… de fort belles choses.

GÉRONTE : Je le crois.

SGANARELLE : Ah ! c'était un grand homme !

GÉRONTE : Sans doute.

SGANARELLE, *levant son bras depuis le coude* : Grand homme tout à fait :
655 un homme qui était plus grand que moi de tout cela. Pour revenir à notre raisonnement, je tiens que cet empêchement de l'action de sa langue est causé par de certaines humeurs [1], qu'entre nous autres savants nous appelons humeurs peccantes [2] ; peccantes, c'est-à-dire… humeurs peccantes ; d'autant que les vapeurs formées par les exhala-
660 tions des influences qui s'élèvent dans la région des maladies, venant… pour ainsi dire… à… Entendez-vous le latin ?

GÉRONTE : En aucune façon.

SGANARELLE, *se tenant avec étonnement* : Vous n'entendez point le latin !

GÉRONTE : Non.

---

1. Humeurs : voir la note 1 de la page 31. La médecine du XVIIe siècle était fondée sur la théorie des humeurs, au nombre de quatre (sang, bile, lymphe ou flegme, bile noire ou mélancolie), dont le dérèglement était réputé être la cause des maladies. La langue d'aujourd'hui en a gardé des traces, comme les expressions « de bonne » et « de mauvaise humeur ».
2. Peccantes : mauvaises, déréglées.

665 **SGANARELLE,** *en faisant diverses plaisantes postures* : *Cabricias arci thuram, catalamus, singulariter, nominativo haec Musa,* « la Muse », *bonus, bona, bonum. Deus sanctus, estne oratio latinas ? Etiam,* « oui ». *Quare ?* « pourquoi ? » *Quia substantivo et adjectivum concordat in generi, numerum et casus* [1].

670 **GÉRONTE** : Ah ! que n'ai-je étudié ?

JACQUELINE : L'habile homme que velà !

LUCAS : Oui, ça est si biau, que je n'y entends* goutte [2].

SGANARELLE : Or ces vapeurs dont je vous parle, venant à passer du côté gauche, où est le foie, au côté droit, où est le cœur, il se trouve
675 que le poumon, que nous appelons en latin *armyan,* ayant communication avec le cerveau, que nous nommons en grec *nasmus,* par le moyen de la veine cave, que nous appelons en hébreu *cubile* [3], rencontre en son chemin lesdites vapeurs, qui remplissent les ventricules de l'omoplate ; et parce que lesdites vapeurs… comprenez bien ce rai-
680 sonnement, je vous prie ; et parce que lesdites vapeurs ont une certaine malignité… Écoutez bien ceci, je vous conjure…

GÉRONTE : Oui.

SGANARELLE : Ont une certaine malignité, qui est causée… Soyez attentif, s'il vous plaît.

685 **GÉRONTE** : Je le suis.

SGANARELLE : Qui est causé par l'âcreté des humeurs* engendrées dans la concavité du diaphragme, il arrive que ces vapeurs… *Ossabanbdus, nequeyrs, nequer, potarium, quipsa, milus* [4]. Voilà justement ce qui fait que votre fille est muette.

---

1. Mots latins déformés tirés du « rudiment » que Sganarelle disait connaître par cœur (ACTE I, SCÈNE 1, ligne 10). Les médecins parlaient latin, langue de l'université, donc des études de médecine.
2. Goutte : rien.
3. *Armyan, nasmus, cubile* : ces mots n'ont aucun sens dans le contexte ; les deux premiers sont certainement des inventions, le troisième est un mot latin qui signifie « lit ».
4. Mots inventés par Sganarelle.

690 JACQUELINE : Ah ! que ça est bian dit, notte homme !

LUCAS : Que n'ai-je la langue aussi bian pendue ?

GÉRONTE : On ne peut pas mieux raisonner, sans doute. Il n'y a qu'une seule chose qui m'a choqué ; c'est l'endroit du foie et du cœur. Il me semble que vous les placez autrement qu'ils ne sont ; que le cœur
695 est du côté gauche, et le foie du côté droit.

SGANARELLE : Oui, cela était autrefois ainsi ; mais nous avons changé tout cela, et nous faisons maintenant la médecine d'une méthode toute nouvelle.

GÉRONTE : C'est ce que je ne savais pas, et je vous demande pardon de
700 mon ignorance.

SGANARELLE : Il n'y a point de mal, et vous n'êtes pas obligé d'être aussi habile que nous.

GÉRONTE : Assurément. Mais, Monsieur, que croyez-vous qu'il faille faire à cette maladie ?

705 SGANARELLE : Ce que je crois qu'il faille faire ?

GÉRONTE : Oui.

SGANARELLE : Mon avis est qu'on la remette sur son lit, et qu'on lui fasse prendre pour remède quantité de pain trempé dans du vin.

GÉRONTE : Pourquoi cela, Monsieur ?

710 SGANARELLE : Parce qu'il y a dans le vin et le pain, mêlés ensemble, une vertu sympathique [1] qui fait parler. Ne voyez-vous pas bien qu'on ne donne autre chose aux perroquets, et qu'ils apprennent à parler en mangeant de cela ?

GÉRONTE : Cela est vrai. Ah ! le grand homme ! Vite, quantité de pain
715 et de vin !

---

1. Un médicament ayant une « vertu sympathique » influençait de manière positive l'une des humeurs.

SGANARELLE : Je reviendrai voir, sur le soir, en quel état elle sera. (*À la nourrice**.) Doucement, vous. (*À Géronte*.) Monsieur, voilà une nourrice à laquelle il faut que je fasse quelques petits remèdes.

JACQUELINE : Qui ? moi ? Je me porte le mieux du monde.

720 **SGANARELLE** : Tant pis, nourrice, tant pis. Cette grande santé est à craindre, et il ne sera mauvais de vous faire quelque petite saignée amiable, de vous donner quelque petit clystère dulcifiant [1].

GÉRONTE : Mais, Monsieur, voilà une mode que je ne comprends point. Pourquoi s'aller faire saigner quand on n'a point de maladie ?

725 **SGANARELLE** : Il n'importe, la mode en est salutaire ; et comme on boit pour la soif à venir, il faut se faire aussi saigner pour la maladie à venir.

JACQUELINE, *en se retirant* : Ma fi ! je me moque de ça, et je ne veux point faire de mon corps une boutique d'apothicaire.

730 **SGANARELLE** : Vous êtes rétive aux remèdes ; mais nous saurons vous soumettre à la raison. (*Parlant à Géronte*.) Je vous donne le bonjour.

GÉRONTE : Attendez un peu, s'il vous plaît.

SGANARELLE : Que voulez-vous faire ?

GÉRONTE : Vous donner de l'argent, Monsieur.

735 **SGANARELLE**, *tendant sa main derrière, par-dessous sa robe, tandis que Géronte ouvre sa bourse* : Je n'en prendrai pas, Monsieur.

GÉRONTE : Monsieur…

SGANARELLE : Point du tout.

GÉRONTE : Un petit moment.

740 **SGANARELLE** : En aucune façon.

---

1. Clystère dulcifiant : lavement adoucissant appliqué avec une sorte de seringue. L'allusion est évidente.

GÉRONTE : De grâce !

SGANARELLE : Vous vous moquez.

GÉRONTE : Voilà qui est fait.

SGANARELLE : Je n'en ferai rien.

745 GÉRONTE : Eh !

SGANARELLE : Ce n'est pas l'argent qui me fait agir.

GÉRONTE : Je le crois.

SGANARELLE, *après avoir pris l'argent* : Cela est-il de poids[1] ?

GÉRONTE : Oui, Monsieur.

750 SGANARELLE : Je ne suis pas un médecin mercenaire.

GÉRONTE : Je le sais bien.

SGANARELLE : L'intérêt ne me gouverne point.

GÉRONTE : Je n'ai pas cette pensée.

SCÈNE 5 : SGANARELLE, LÉANDRE

SGANARELLE, *regardant son argent* : Ma foi ! cela ne va pas mal ; et
755 pourvu que…

LÉANDRE : Monsieur, il y a longtemps que je vous attends, et je viens
implorer votre assistance.

SGANARELLE, *lui prenant le poignet* : Voilà un pouls qui est fort mauvais.

LÉANDRE : Je ne suis point malade, Monsieur, et ce n'est pas pour cela
760 que je viens à vous.

---

1. Certaines pièces ne faisaient pas le poids parce que des filous en avaient rogné ou limé
une partie.

SGANARELLE : Si vous n'êtes pas malade, que diable ne le dites-vous donc ?

LÉANDRE : Non. Pour vous dire la chose en deux mots, je m'appelle Léandre, qui suis amoureux de Lucinde, que vous venez de visiter ; et
765 comme, par la mauvaise humeur de son père, toute sorte d'accès m'est fermé auprès d'elle, je me hasarde à vous prier de vouloir servir mon amour, et de me donner lieu d'exécuter un stratagème que j'ai trouvé, pour lui pouvoir dire deux mots, d'où dépendent absolument mon bonheur et ma vie.

770 SGANARELLE, *paraissant en colère* : Pour qui me prenez-vous ? Comment ! oser vous adresser à moi pour vous servir dans votre amour, et vouloir ravaler la dignité de médecin à des emplois de cette nature ?

LÉANDRE : Monsieur, ne faites point de bruit.

SGANARELLE, *en le faisant reculer* : J'en veux faire, moi. Vous êtes un
775 impertinent.

LÉANDRE : Eh ! Monsieur, doucement.

SGANARELLE : Un malavisé.

LÉANDRE : De grâce !

SGANARELLE : Je vous apprendrai que je ne suis point homme à cela,
780 et que c'est une insolence extrême…

LÉANDRE, *tirant une bourse qu'il lui donne* : Monsieur…

SGANARELLE, *tenant la bourse* : De vouloir m'employer… Je ne parle pas pour vous : car vous êtes honnête homme, et je serais ravi de vous rendre service ; mais il y a de certains impertinents au monde qui
785 viennent prendre les gens pour ce qu'ils ne sont pas ; et je vous avoue que cela me met en colère.

LÉANDRE : Je vous demande pardon, Monsieur, de la liberté que…

SGANARELLE : Vous vous moquez [1]. De quoi est-il question ?

---

1. Vous vous moquez : ça ne fait rien.

Léandre : Vous saurez donc, Monsieur, que cette maladie que vous
790 voulez guérir est une feinte maladie. Les médecins ont raisonné là-
dessus comme il faut [1] ; et ils n'ont pas manqué de dire que cela pro-
cédait, qui du cerveau, qui des entrailles, qui de la rate, qui du foie [2] ;
mais il est certain que l'amour en est la véritable cause, et que Lucinde
n'a trouvé cette maladie que pour se délivrer d'un mariage dont elle
795 était importunée. Mais, de crainte qu'on ne nous voie ensemble, reti-
rons-nous d'ici, et je vous dirai en marchant ce que je souhaite
de vous.

Sganarelle : Allons, Monsieur : vous m'avez donné pour votre
amour une tendresse qui n'est pas concevable ; et j'y perdrai toute ma
800 médecine, ou la malade crèvera, ou bien elle sera à vous.

---

1. Comme il faut : comme ils le font d'habitude ; Molière sous-entend leur incompétence.
2. Les quatre principaux « organes » affectés par les humeurs.

© Guy Dubois.

Léandre (Denis Bouchard) : Il me semble que je ne suis pas mal ainsi pour un apothicaire ; et comme le père ne m'a guère vu, ce changement d'habit et de perruque est assez capable, je crois, de me déguiser à ses yeux.

Sganarelle (Raymond Bouchard) : Sans doute.

Léandre (Denis Bouchard) : Tout ce que je souhaiterais serait de savoir cinq ou six grands mots de médecine, pour parer mon discours et me donner l'air d'habile homme.

Sganarelle (Raymond Bouchard) : Allez, allez, tout cela n'est pas nécessaire ; il suffit de l'habit, et je n'en sais pas plus que vous.

Acte iii, scène 1, lignes 801 à 809.

Archives du Théâtre du Rideau Vert, saison 1991-1992.
Mise en scène de Guillermo de Andrea.

ACTE III

SCÈNE 1: Sganarelle, Léandre

Léandre: Il me semble que je ne suis pas mal ainsi pour un apothicaire; et comme le père ne m'a guère vu, ce changement d'habit et de perruque est assez capable, je crois, de me déguiser à ses yeux.

Sganarelle: Sans doute.

805 **Léandre:** Tout ce que je souhaiterais serait de savoir cinq ou six grands mots de médecine, pour parer[1] mon discours et me donner l'air d'habile homme.

Sganarelle: Allez, allez, tout cela n'est pas nécessaire; il suffit de l'habit, et je n'en sais pas plus que vous.

810 **Léandre:** Comment?

Sganarelle: Diable emporte* si j'entends* rien en médecine! Vous êtes honnête homme, et je veux bien me confier à vous, comme vous vous confiez à moi.

Léandre: Quoi? vous n'êtes pas effectivement…

815 **Sganarelle:** Non, vous dis-je: ils m'ont fait médecin malgré mes dents[2]. Je ne m'étais jamais mêlé d'être si savant que cela; et toutes mes études n'ont été que jusqu'en sixième. Je ne sais point sur quoi cette imagination leur est venue; mais quand j'ai vu qu'à toute force ils voulaient que je fusse médecin, je me suis résolu de l'être, aux 820 dépens de qui il appartiendra. Cependant, vous ne sauriez croire comment l'erreur s'est répandue, et de quelle façon chacun est endiablé à me croire habile homme. On me vient chercher de tous les

---

1. Parer: préparer.
2. Malgré mes dents: de nos jours, on dirait plutôt «bien que je me sois défendu bec et ongles».

côtés ; et si les choses vont toujours de même, je suis d'avis de m'en tenir, toute ma vie, à la médecine. Je trouve que c'est le métier le meil-
825 leur de tous ; car, soit qu'on fasse bien ou soit qu'on fasse mal, on est toujours payé de même sorte. La méchante besogne ne retombe jamais sur notre dos, et nous taillons, comme il nous plaît, sur l'étoffe où nous travaillons. Un cordonnier, en faisant des souliers, ne saurait gâter un morceau de cuir qu'il n'en paye les pots cassés ; mais ici l'on
830 peut gâter un homme sans qu'il n'en coûte rien. Les bévues ne sont point pour nous ; et c'est toujours la faute de celui qui meurt. Enfin, le bon de cette profession est qu'il y a parmi les morts une honnêteté, une discrétion la plus grande du monde ; jamais on n'en voit se plaindre du médecin qui l'a tué.

835 **LÉANDRE** : Il est vrai que les morts sont forts honnêtes gens sur cette matière.

SGANARELLE, *voyant des hommes qui viennent vers lui* : Voilà des gens qui ont mine de me venir consulter. (*À Léandre.*) Allez toujours m'attendre auprès du logis de votre maîtresse.

SCÈNE 2 : **THIBAUT, PERRIN, SGANARELLE**

840 **THIBAUT** : Monsieu, je venons vous charcher, mon fils Perrin et moi.

SGANARELLE : Qu'y a-t-il ?

THIBAUT : Sa pauvre mère, qui a nom Parette, est dans un lit, malade, il y a six mois.

SGANARELLE, *tendant la main, comme pour recevoir de l'argent* : Que
845 voulez-vous que j'y fasse ?

THIBAUT : Je voudrions, Monsieu, que vous nous baillissiez* quelque petite drôlerie pour la garir.

SGANARELLE : Il faut voir de quoi est-ce qu'elle est malade.

THIBAUT : Alle est malade d'hypocrisie[1], Monsieur.

850 **SGANARELLE** : D'hypocrisie ?

THIBAUT : Oui, c'est-à-dire qu'alle est enflée par tout ; et l'an dit que c'est quantité de sériosités qu'alle a dans le corps, et que son foie, son ventre, ou sa rate, comme vous voudrez l'appeler, au glieu de faire du sang, ne fait plus que de l'iau. Alle a, de deux jours l'un, la fièvre quo-
855 tiguienne, avec des lassitudes et des douleurs dans les mufles des jambes. On entend dans sa gorge des fleumes[2] qui sont tout prêts à l'étouffer ; par fois il lui prend des syncoles et des conversions[3], que je crayons qu'alle est passée[4]. J'avons dans notte village un apothi-caire, révérence parler[5], qui li a donné je ne sai combien d'histoires ;
860 et il m'en coûte plus d'eune douzaine de bons écus en lavements, ne v's en déplaise, en apostumes[6] qu'on li a fait prendre, en infections[7] de jacinthe, et en portions cordales[8]. Mais tout ça, comme dit l'autre, n'a été que de l'onguent miton-mitaine[9]. Il velait li bailler d'eune cer-taine drogue que l'on appelle du vin amétile[10], mais j'ai-s-eu peur,
865 franchement, que ça l'envoyît à *patres*[11], et l'an dit que ces gros méde-cins tuont je ne sai combien de monde avec cette invention-là.

SGANARELLE, *tendant toujours la main et la branlant, comme pour signe qu'il demande de l'argent* : Venons au fait, mon ami, venons au fait.

THIBAUT : Le fait est, Monsieur, que je venons vous prier de nous dire
870 ce qu'il faut que je fassions.

---

1. Hypocrisie : hydropisie, accumulation de liquides organiques (sérosités) dans les tissus corporels, comme les symptômes décrits le montrent et comme le dit Sganarelle plus loin.
2. Fleumes : flegmes, mucosités difficiles à cracher.
3. Syncoles et conversions : syncopes et convulsions (voir la réponse de Sganarelle).
4. Passée : trépassée, morte.
5. Révérence parler : j'en parle avec respect.
6. Apostumes : ce mot n'existe pas ; on reconnaît « posthume » (après la mort) et peut-être « apozème » (tisane ou breuvage curatif).
7. Infections : probablement « infusions ».
8. Portions cordales : probablement « potions cordiales », remontants, toniques.
9. Onguent miton-mitaine : remède plus ou moins efficace (rappelle le sens du mot « couci-couça »).
10. Amétile : peut-être « émétique », qui fait vomir.
11. Envoyer quelqu'un *ad patres* : en latin, « auprès de ses pères », c'est-à-dire dans l'autre monde.

SGANARELLE : Je ne vous entends* point du tout.

PERRIN : Monsieur, ma mère est malade ; et velà deux écus que je vous apportons pour nous bailler* queuque remède.

SGANARELLE : Ah ! je vous entends, vous. Voilà un garçon qui parle
875 clairement et qui s'explique comme il faut. Vous dites que votre mère est malade d'hydropisie, qu'elle est enflée par tout le corps, qu'elle a la fièvre, avec des douleurs dans les jambes, et qu'il lui prend parfois des syncopes et des convulsions, c'est-à-dire des évanouissements ?

PERRIN : Eh ! oui, Monsieu, c'est justement ça.

880 **SGANARELLE** : J'ai compris d'abord* vos paroles. Vous avez un père qui ne sait ce qu'il dit. Maintenant vous me demandez un remède ?

PERRIN : Oui, Monsieu.

SGANARELLE : Un remède pour la guérir ?

PERRIN : C'est comme je l'entendons.

885 **SGANARELLE** : Tenez, voilà un morceau de fromage qu'il faut que vous lui fassiez prendre.

PERRIN : Du fromage, Monsieu ?

SGANARELLE : Oui, c'est un fromage préparé, où il y entre de l'or [1], du coral [2] et des perles, et quantités d'autres choses précieuses.

890 **PERRIN** : Monsieur, je vous sommes bien obligés ; et j'allons li faire prendre ça tout à l'heure.

SGANARELLE : Allez. Si elle meurt, ne manquez pas de la faire enterrer du mieux que vous pourrez.

---

1. Or : voir la note 1 à la page 18.
2. Coral : corail.

SCÈNE 3 : Jacqueline, Sganarelle, Lucas,
dans le fond du théâtre.

Sganarelle : Voici la belle nourrice*. Ah ! nourrice de mon cœur, je
895 suis ravi de cette rencontre, et votre vue est la rhubarbe, la casse et le
séné [1] qui purgent toute la mélancolie de mon âme.

Jacqueline : Par ma figué ! Monsieu le Médecin, ça est trop bian dit
pour moi, et je n'entends rien à tout votte latin.

Sganarelle : Devenez malade, nourrice, je vous prie ; devenez
900 malade, pour l'amour de moi. J'aurais toutes les joies du monde de
vous guérir.

Jacqueline : Je sis votre servante* ; j'aime bian mieux qu'an ne me
garisse pas.

Sganarelle : Que je vous plains, belle nourrice, d'avoir un mari
905 jaloux et fâcheux comme celui que vous avez !

Jacqueline : Que velez-vous, Monsieu ? c'est pour la pénitence de
mes fautes ; et là où chèvre est liée, il faut bian qu'alle y broute.

Sganarelle : Comment ? un rustre comme cela ! un homme qui vous
observe toujours, et ne veut pas que personne vous parle !

910 **Jacqueline :** Hélas ! vous n'avez rien vu encore, et ce n'est qu'un petit
échantillon de sa mauvaise humeur.

Sganarelle : Est-il possible ? et qu'un homme ait l'âme assez basse
pour maltraiter une personne comme vous ? Ah ! que j'en sais, belle
nourrice, et qui ne sont pas loin d'ici, qui se tiendraient heureux de
915 baiser seulement les petits bouts de vos petons [2] ! Pourquoi faut-il
qu'une personne si bien faite soit tombée en de telles mains, et qu'un
franc animal, un brutal, un stupide, un sot… Pardonnez-moi, nourrice, si je parle ainsi de votre mari.

---

1. Rhubarbe, casse et séné : plantes purgatives. On croyait la mélancolie causée par une corruption
de la bile noire (sécrétion de la rate).
2. Petons : pieds, particulièrement en parlant de ceux des enfants.

Jacqueline : Eh ! Monsieur, je sais bien qu'il mérite tous ces noms-là.

920 **Sganarelle** : Oui, sans doute, nourrice*, il les mérite ; et il mériterait encore que vous lui missiez quelque chose sur la tête, pour le punir des soupçons qu'il a.

Jacqueline : Il est bien vrai que si je n'avais devant les yeux que son intérêt, il pourrait m'obliger à queuque étrange chose.

925 **Sganarelle** : Ma foi ! vous ne feriez pas de mal de vous venger de lui avec quelqu'un. C'est un homme, je vous le dis, qui mérite bien cela ; et si j'étais assez heureux, belle nourrice, pour être choisi pour…

En cet endroit, tous deux apercevant Lucas qui était derrière eux et entendait leur dialogue, chacun se retire de son côté, mais le médecin d'une manière fort plaisante.

SCÈNE 4 : Géronte, Lucas

Géronte : Holà ! Lucas, n'as-tu point vu ici notre médecin ?

Lucas : Eh oui, de par tous les diantres*, je l'ai vu, et ma femme aussi.

930 **Géronte** : Où est-ce donc qu'il peut être ?

Lucas : Je ne sai ; mais je voudrais qu'il fût à tous les guèbles [1].

Géronte : Va-t'en voir un peu ce que fait ma fille.

SCÈNE 5 : Sganarelle, Léandre, Géronte

Géronte : Ah ! Monsieur, je demandais où vous étiez.

Sganarelle : Je m'étais amusé dans votre cour à expulser le superflu
935 de la boisson [2]. Comment se porte la malade ?

---

1. Je voudrais qu'il fût à tous les guèbles : je voudrais l'envoyer chez le diable (à tous les diables).
2. Expulser le superflu de la boisson : uriner.

GÉRONTE : Un peu plus mal depuis votre remède.

SGANARELLE : Tant mieux : c'est signe qu'il opère.

GÉRONTE : Oui ; mais, en opérant, je crains qu'il ne l'étouffe.

SGANARELLE : Ne vous mettez pas en peine : j'ai des remèdes qui se
940 moquent de tout, et je l'attends à l'agonie.

GÉRONTE, *montrant Léandre* : Qui est cet homme-là que vous amenez ?

SGANARELLE, *faisant des signes avec la main que c'est un apothicaire* : C'est…

GÉRONTE : Quoi ?

SGANARELLE : Celui…

945 **GÉRONTE** : Eh ?

SGANARELLE : Qui…

GÉRONTE : Je vous entends*.

SGANARELLE : Votre fille en aura besoin.

SCÈNE 6 : JACQUELINE, LUCINDE, GÉRONTE, LÉANDRE, SGANARELLE

JACQUELINE : Monsieu, velà votre fille qui veut un peu marcher.

950 **SGANARELLE** : Cela lui fera du bien. (*À Léandre.*) Allez-vous-en,
Monsieur l'Apothicaire, tâter un peu son pouls, afin que je raisonne
tantôt avec vous de sa maladie.
*En cet endroit, il tire Géronte à un bout du théâtre et, lui passant un bras sur les
épaules, lui rabat la main sous le menton, avec laquelle il le fait retourner vers
lui, lorsqu'il veut regarder ce que sa fille et l'apothicaire font ensemble, lui tenant
cependant le discours suivant pour l'amuser :*
Monsieur, c'est une grande et subtile question entre les docteurs, de
savoir si les femmes sont plus faciles à guérir que les hommes. Je vous

955 prie d'écouter ceci, s'il vous plaît. Les uns disent que non, les autres
disent que oui ; et moi je dis que oui et non : d'autant que l'incon-
gruité des humeurs* opaques qui se rencontrent au tempérament
naturel des femmes étant cause que la partie brutale veut toujours
prendre empire sur la sensitive, on voit que l'inégalité de leurs opi-
960 nions dépend du mouvement oblique du cercle de la lune ; et comme
le soleil, qui darde ses rayons sur la concavité de la terre, trouve...

LUCINDE, *à Léandre* : Non, je ne suis point du tout capable de changer
de sentiment.

GÉRONTE : Voilà ma fille qui parle ! Ô grande vertu du remède ! Ô
965 admirable médecin ! Que je vous suis obligé, Monsieur, de cette guérison merveilleuse ! Et que puis-je faire pour vous après un tel service ?

SGANARELLE, *se promenant sur le théâtre et s'essuyant le front* : Voilà une
maladie qui m'a bien donné de la peine !

LUCINDE : Oui, mon père, j'ai recouvré la parole ; mais je l'ai recou-
970 vrée pour vous dire que je n'aurai jamais d'autre époux que Léandre,
et que c'est inutilement que vous voulez me donner Horace.

GÉRONTE : Mais...

LUCINDE : Rien n'est capable d'ébranler la résolution que j'ai prise.

GÉRONTE : Quoi... ?

975 LUCINDE : Vous m'opposerez en vain de belles raisons.

GÉRONTE : Si...

LUCINDE : Tous vos discours ne serviront de rien.

GÉRONTE : Je...

LUCINDE : C'est une chose où [1] je suis déterminée.

980 GÉRONTE : Mais...

LUCINDE : Il n'est puissance paternelle qui me puisse obliger à me
marier malgré moi.

_____
1. Où : à laquelle.

GÉRONTE : J'ai…

LUCINDE : Vous avez beau faire tous vos efforts.

985 GÉRONTE : Il…

LUCINDE : Mon cœur ne saurait se soumettre à cette tyrannie.

GÉRONTE : La…

LUCINDE : Et je me jetterai plutôt dans un couvent que d'épouser un homme que je n'aime point.

990 GÉRONTE : Mais…

LUCINDE, *parlant d'un ton de voix à étourdir* : Non. En aucune façon. Point d'affaire. Vous perdez le temps. Je n'en ferai rien. Cela est résolu.

GÉRONTE : Ah ! quelle impétuosité de paroles ! Il n'y a pas moyen d'y résister. (*À Sganarelle.*) Monsieur, je vous prie de la faire redevenir muette.

995 SGANARELLE : C'est une chose qui m'est impossible. Tout ce que je puis faire pour votre service est de vous rendre sourd, si vous voulez.

GÉRONTE : Je vous remercie [1]. (*À Lucinde.*) Penses-tu donc…

LUCINDE : Non. Toutes vos raisons ne gagneront rien sur mon âme.

GÉRONTE : Tu épouseras Horace, dès ce soir.

1000 LUCINDE : J'épouserai plutôt la mort.

SGANARELLE, *à Géronte* : Mon Dieu ! arrêtez-vous, laissez-moi médicamenter cette affaire. C'est une maladie qui la tient, et je sais le remède qu'il y faut apporter.

GÉRONTE : Serait-il possible, Monsieur, que vous puissiez aussi guérir
1005 cette maladie d'esprit ?

SGANARELLE : Oui, laissez-moi faire, j'ai des remèdes pour tout, et notre apothicaire nous servira pour cette cure. (*Il appelle l'apothicaire et lui parle.*) Un mot. Vous voyez que l'ardeur qu'elle a pour ce Léandre

---

1. Je vous remercie : équivaut ici à « non, merci ».

est tout à fait contraire aux volontés du père, qu'il n'y a point de
1010 temps à perdre, que les humeurs* sont fort aigries, et qu'il est nécessaire de trouver promptement un remède à ce mal, qui pourrait
empirer par le retardement. Pour moi, je n'y en vois qu'un seul, qui
est une prise de fuite [1] purgative, que vous mêlerez comme il faut avec
deux drachmes [2] de *matrimonium* [3] en pilules. Peut-être fera-t-elle
1015 quelque difficulté à prendre ce remède ; mais, comme vous êtes habile
homme dans votre métier, c'est à vous de l'y résoudre, et de lui faire
avaler la chose du mieux que vous pourrez. Allez-vous-en lui faire
faire un petit tour de jardin, afin de préparer les humeurs, tandis que
j'entretiendrai ici son père ; mais surtout ne perdez point de temps.
1020 Au remède, vite, au remède spécifique !

SCÈNE 7 : Géronte, Sganarelle

Géronte : Quelles drogues, Monsieur, sont celles que vous venez de
dire ? Il me semble que je ne les ai jamais ouï nommer.

Sganarelle : Ce sont des drogues dont on se sert dans les néces-
sités urgentes.

1025 Géronte : Avez-vous jamais vu une insolence pareille à la sienne ?

Sganarelle : Les filles sont quelquefois un peu têtues.

Géronte : Vous ne sauriez croire comme elle est affolée de ce Léandre.

Sganarelle : La chaleur du sang fait cela dans les jeunes esprits.

Géronte : Pour moi, dès que j'ai eu découvert la violence de cet
1030 amour, j'ai su tenir toujours ma fille renfermée.

Sganarelle : Vous avez fait sagement.

---

1. Fuite : à mots couverts, semblant parler de médicaments, il leur recommande de prendre la fuite.
2. Drachme : petite quantité (moins de 10 g).
3. *Matrimonium* : mot latin qui signifie « mariage ».

Géronte : Et j'ai bien empêché qu'ils n'aient eu communication ensemble.

Sganarelle : Fort bien.

1035   **Géronte** : Il serait arrivé quelque folie, si j'avais souffert qu'ils se fussent vus.

Sganarelle : Sans doute.

Géronte : Et je crois qu'elle aurait été fille à s'en aller avec lui.

Sganarelle : C'est prudemment raisonné.

1040   **Géronte** : On m'avertit qu'il fait tous ses efforts pour lui parler.

Sganarelle : Quel drôle !

Géronte : Mais il perdra son temps.

Sganarelle : Ah ! ah !

Géronte : Et j'empêcherai bien qu'il ne la voie.

1045   **Sganarelle** : Il n'a pas affaire à un sot, et vous savez des rubriques [1] qu'il ne sait pas. Plus fin que vous n'est pas bête.

SCÈNE 8 : Lucas, Géronte, Sganarelle

Lucas : Ah ! palsanguenne*, Monsieu, vaici bian du tintamarre. Votre fille s'en est enfuie avec son Liandre. C'était lui qui était l'apothicaire ; et velà Monsieu le Médecin qui a fait cette belle opération-là.

1050   **Géronte** : Comment ? m'assassiner de la façon ! Allons, un commissaire ! et qu'on empêche qu'il ne sorte. Ah ! traître ! je vous ferai punir par la justice.

Lucas : Ah ! par ma fi* ! Monsieu le Médecin, vous serez pendu ! Ne bougez de là seulement.

---

1. Rubriques : ruses.

SCÈNE 9 : Martine, Sganarelle, Lucas

1055 **Martine,** *à Lucas* : Ah ! mon Dieu ! que j'ai eu de peine à trouver ce logis ! Dites-moi un peu des nouvelles du médecin que je vous ai donné.

Lucas : Le velà qui va être pendu.

Martine : Quoi ! mon mari pendu ! Hélas ! et qu'a-t-il fait pour cela ?

Lucas : Il a fait enlever la fille de notre maître.

1060 **Martine** : Hélas ! mon cher mari, est-il bien vrai qu'on va te pendre ?

Sganarelle : Tu vois. Ah !

Martine : Faut-il que tu te laisses mourir en présence de tant de gens ?

Sganarelle : Que veux-tu que j'y fasse ?

Martine : Encore si tu avais achevé de couper notre bois, je prendrais
1065 quelque consolation.

Sganarelle : Retire-toi de là, tu me fends le cœur.

Martine : Non, je veux demeurer pour t'encourager à la mort, et je ne te quitterai point que je ne t'aie vu pendu.

Sganarelle : Ah !

SCÈNE 10 : Géronte, Sganarelle, Martine, Lucas

1070 **Géronte,** *à Sganarelle* : Le commissaire viendra bientôt, et l'on s'en va vous mettre en lieu où l'on me répondra de vous.

Sganarelle, *le chapeau à la main* : Hélas ! cela ne se peut-il point changer en quelques coups de bâton ?

Géronte : Non, non, la justice en ordonnera… Mais que vois-je ?

SCÈNE 11 ET DERNIÈRE : Léandre, Lucinde,
Jacqueline, Lucas, Géronte, Sganarelle, Martine

1075　**Léandre** : Monsieur, je viens faire paraître Léandre à vos yeux et remettre Lucinde en votre pouvoir. Nous avons eu dessein de prendre la fuite nous deux et de nous aller marier ensemble ; mais cette entreprise a fait place à un procédé plus honnête. Je ne prétends point vous voler votre fille, et ce n'est que de votre main que je veux la recevoir.

1080　Ce que je vous dirai, Monsieur, c'est que je viens tout à l'heure de recevoir des lettres par où j'apprends que mon oncle est mort, et que je suis héritier de tous ses biens.

Géronte : Monsieur, votre vertu [1] m'est tout à fait considérable, et je vous donne ma fille avec la plus grande joie du monde.

1085　**Sganarelle**, *à part* : La médecine l'a échappé belle !

Martine : Puisque tu ne seras point pendu, rends-moi grâce [2] d'être médecin ; car c'est moi qui t'ai procuré cet honneur.

Sganarelle : Oui, c'est toi qui m'as procuré je ne sais combien de coups de bâton.

1090　**Léandre**, *à Sganarelle* : L'effet en est trop beau pour en garder du ressentiment.

Sganarelle : Soit. (*À Martine.*) Je te pardonne ces coups de bâton en faveur de la dignité où tu m'as élevé ; mais prépare-toi désormais à vivre dans un grand respect avec un homme de ma conséquence [3], et songe
1095　que la colère d'un médecin est plus à craindre qu'on ne peut croire.

---

1. Vertu : mérite.
2. Rends-moi grâce : remercie-moi.
3. De ma conséquence : de mon importance.

© Guy Dubois.

Martine (Pauline Martin) : Puisque tu ne seras point pendu, rends-moi grâce d'être médecin ; car c'est moi qui t'ai procuré cet honneur.

Sganarelle (Raymond Bouchard) : Oui, c'est toi qui m'as procuré je ne sais combien de coups de bâton.

Léandre (Denis Bouchard), *à Sganarelle* : L'effet en est trop beau pour en garder du ressentiment.

Acte iii, scène 11, lignes 1086 à 1091.

Archives du Théâtre du Rideau Vert, saison 1991-1992.
Mise en scène de Guillermo de Andrea.

SIGNATURES DES COMÉDIENS DE L'ILLUSTRE-THÉÂTRE
SUR LE CONTRAT D'ASSOCIATION DU 30 JUIN 1643.
À LA DEUXIÈME LIGNE, MOLIÈRE A SIGNÉ DE SON
NOM VÉRITABLE, JEAN-BAPTISTE POQUELIN.

PERSONNAGE DE SGANARELLE.
D'APRÈS UN DESSIN D'EDMOND GEFFROY (1804-1895).

PRÉSENTATION DE L'ŒUVRE

Ludovicus Magnus.

PORTRAIT DE LOUIS XIV.
PIERRE DREVET (1663-1738).

MOLIÈRE ET SON ÉPOQUE

La société à l'époque de Molière

S'il est vrai que l'histoire progresse comme un balancier battant d'un extrême à l'autre, il faut à coup sûr voir le XVIIe siècle comme une époque où ce balancier a atteint le point extrême en ce qui a trait à l'autoritarisme, au dirigisme, à l'absolutisme.

Sur le plan **social**, la division de la société en deux catégories, noblesse et roture, semble immuable ; pourtant, moins de cent ans plus tard, la noblesse en France aura disparu, remplacée dans les hautes sphères du pouvoir par une nouvelle classe sociale, la bourgeoisie. Sur le plan **gouvernemental**, la monarchie accapare de plus en plus de pouvoirs, au point de devenir absolue ; pourtant, moins de cent ans après la mort du plus grand et du plus autocrate des rois que la France ait connus, Louis XIV, une nouvelle forme de gouvernement est mise en place, la démocratie. Sur le plan **artistique**, on n'a jamais vu autant de règles et de faiseurs de règles, ce qui entraîne l'apparition du classicisme, mouvement artistique et littéraire donnant la primauté à la raison et cherchant à produire des œuvres universelles et éternelles ; pourtant, dès le siècle suivant, des artistes fondent leur art sur le mot fameux de Pascal : « Le cœur a ses raisons que la raison ne connaît point », instaurant un mouvement aux antipodes du classicisme, le romantisme. Sur le plan **linguistique** aussi, la raison et l'autorité triomphent : les dialectes cèdent de plus en plus devant une langue unifiée, soumise aux bons soins de l'Académie française. Sur le plan **scientifique**, la superstition et la sorcellerie embrouillent toujours les connaissances ; les savants doivent lutter contre des croyances bien ancrées, certains même sont ostracisés en raison de recherches qui les font entrer directement en collision avec les autorités établies.

La hiérarchie et l'organisation sociales

La société française du XVIIe siècle est fondée sur une division formelle entre deux groupes sociaux aux allures de castes : celui des aristocrates, c'est-à-dire les gens qui détiennent un titre de noblesse, et celui des roturiers, c'est-à-dire les bourgeois, les artisans et les paysans, qui composent la vaste majorité de la population du royaume. Héritière de la vieille structure féodale du Moyen Âge, l'aristocratie se compose de princes, de ducs, de comtes, de marquis, de chevaliers, etc., soumis en principe à l'autorité royale et chargés de l'administration des diverses régions du pays au nom du roi. La noblesse jouit de nombreux privilèges et tire ses revenus de l'exploitation de la région ou de la charge qui lui est confiée. Cela ne signifie pas, loin s'en faut, que tous les nobles soient de riches exploiteurs qui abusent de leur pouvoir pour saigner à blanc les classes laborieuses. Si certains sont riches à millions, dirait-on aujourd'hui, de nombreux nobles, surtout ceux qui administrent des régions défavorisées, sont à peine moins pauvres que ceux qu'ils gouvernent. Possédant parfois plus de richesses que bien des aristocrates, les banquiers, les patrons de manufactures ou d'ateliers et les propriétaires terriens constituent la bourgeoisie naissante, en train de prendre son essor vers les sommets de la société. Quant au peuple, il se compose de paysans, d'artisans et de travailleurs de toutes sortes.

La noblesse est héréditaire : l'aîné hérite automatiquement du titre et des avoirs de son père. Qu'obtiennent les autres enfants ? Théoriquement, rien. Pour les soustraire à la charge du père ou de l'aîné, on tente de les faire officiers, diplomates ou religieux, de les marier à des fils ou des filles riches, nobles si possible, roturiers à défaut. C'est pourquoi une foule d'aristocrates se pressent autour du roi et de ses ministres, en quête de charges ou de postes dans l'armée et la marine, dans l'administration et le gouvernement, partout en somme où ils pourraient gagner leur vie. La vieille noblesse d'épée a bien changé ! Elle s'est gonflée d'une noblesse d'office et de robe : ce sont les nobles nommés par le roi à différents postes militaires, administratifs et même religieux. Les cardinaux et les évêques, en effet, sont souvent des nobles à qui le roi confie l'administration d'un territoire, ce qui ne va pas sans causer des frictions avec l'Église et avec Rome, qui s'oppose à toute intervention séculière, fût-elle royale, dans la hiérarchie catholique. Notons que les filles, évidemment, n'accèdent ni à l'armée ni à la fonction publique.

Aussi bien dans *Le Médecin malgré lui* que dans d'autres pièces, Molière exploite la structure sociale de son temps pour susciter le rire. On reconnaît facilement les paysans et le peuple sous les traits des Lucas, Jacqueline, Thibaut et Perrin, non seulement par leur langage, mais aussi par leur costume, leur métier et la candeur qui les distinguent des grands de ce monde. Sganarelle, à mi-chemin entre le paysan encore dans sa gangue et le bourgeois qui aspire à un sort meilleur, imite, du moins tente d'imiter, les bonnes manières et le beau langage de la haute société, mais revient souvent à la grivoiserie, voire à la grossièreté, avant de décider que son rôle est finalement de servir. Déguisé en médecin, il représente la bourgeoisie en ascension qui voudrait bien s'enrichir tant aux dépens des pauvres paysans que des seigneurs. Martine et Valère, pour leur part plus raisonnables et plus conscients de leurs limites, gardent leur place, profitent des occasions, mais pas à tout prix comme Sganarelle. Géronte, sa fille Lucinde et Léandre personnifient à merveille la grande bourgeoisie ou la noblesse coincée entre le désir de préserver l'honneur et le besoin d'argent. Le père refuse de donner sa fille à l'homme qu'elle aime sous prétexte qu'il n'est pas assez fortuné : « Ce Léandre n'est pas ce qu'il lui faut : il n'a pas du bien comme l'autre » (l. 452-453). Et tous, paysans, seigneurs, bourgeois, sont risibles, caricaturaux, naïfs, crédules, grâce à quoi l'auteur peut faire la morale à chacun.

La monarchie absolue sous Louis XIII et Louis XIV

Tout en haut de la pyramide sociale trône le roi. Depuis le Moyen Âge, le pouvoir du roi n'a cessé de croître en France, pour devenir absolu au XVIIe siècle. Il n'en a pas toujours été ainsi : le pays a connu des souverains faibles, menacés par des nobles puissants, par des monarques voisins et même par des révoltes paysannes. À titre d'exemple, on peut citer deux épisodes historiques. Au XVe siècle, le duc de Bourgogne, censé être le vassal du roi de France, ébranla le pouvoir royal et faillit même l'usurper. La guerre de Cent Ans (1337-1453) opposa les rois de France et d'Angleterre, chacun prétendant être le suzerain de l'autre : ayant envahi le continent, les Anglais dominèrent longtemps une grande partie du territoire de la France.

PORTRAIT DE LOUIS XIII.
PHILIPPE DE CHAMPAIGNE (1602-1674).

Rien de tel à l'époque qui nous intéresse : à la suite d'Henri IV (1589-1610), Louis XIII (1610-1643) et Louis XIV (1643-1715) ont joui d'un renforcement de leur puissance, principalement mis en œuvre par des ministres influents, en particulier les cardinaux de Richelieu (1624-1642) et Mazarin (1643-1661). Monarques de droit divin — c'est-à-dire à qui le pouvoir, disait-on, avait été accordé par Dieu lui-même —, ils en viennent à diriger toutes les affaires du royaume sans partage. Ils se placent au-dessus de tout et de tous, ne répondant de leurs décisions devant personne sauf Dieu, leur seule limite étant ce qu'ils considèrent comme le bien du royaume.

Tout, bien sûr, n'est pas rose et facile durant leur règne. Louis XIII n'a que 9 ans à la mort de son père, moment où il devient roi (1610), et sa mère, Marie de Médicis, exerce la régence. En 1617, après avoir résolu d'assumer ses responsabilités, Louis XIII voit sa mère prendre la tête des Grands [1], opposés au jeune roi. S'ensuivent trois ans de guerre qui se concluent par la défaite de la mère ; trois autres années s'écoulent encore avant qu'enfin, en 1623, la mère et son royal fils se réconcilient, à l'instigation du cardinal de Richelieu. De plus en plus influent, Richelieu restera le principal ministre de Louis XIII jusqu'à sa mort, en 1642. Certains diront même que le cardinal gouverne à la place d'un roi peu intéressé aux affaires de son royaume.

Un scénario pas très différent marque le début du règne de Louis XIV, âgé d'un peu moins de 5 ans à la mort de son père. Sa mère, Anne d'Autriche, exerce la régence, et le cardinal Mazarin est son principal ministre. En 1648, profitant de la minorité du roi, les parlementaires de Paris tentent de limiter les pouvoirs royaux. Cette menace contre l'absolutisme est sévèrement réprimée, mais bientôt des Grands se joignent à la dissension. Les troubles gagnent les provinces et durent jusqu'en 1652. Louis XIV, dit-on, aurait gardé toute sa vie le souvenir inquiet de la Fronde [2], où se mêlaient sa crainte des nobles aussi bien que du peuple et son désir de quitter Paris pour installer son palais loin de la ville, à Versailles. On verra plus loin que la Fronde marqua aussi la vie et la carrière de Molière.

---

1. Les Grands : les nobles les plus puissants et les plus près du roi.
2. La Fronde : nom donné à cette révolte qui a agité la France pendant la minorité de Louis XIV.

Après la fin des troubles, Mazarin continue d'exercer son ministère jusqu'à sa mort, en 1661. Cette date marque le début du règne personnel de Louis XIV, mais aussi celle du triomphe de l'art classique.

Les arts

On parle souvent du XVIIe siècle comme du siècle classique. En vérité, le classicisme ne s'imposa vraiment que de 1661 à 1685 environ. Avant 1661, on note une lente évolution de l'art baroque, libre et exubérant, vers une codification, un assagissement, une régularité qu'on mettra trente ou quarante ans à élaborer et qu'on appellera plus tard le classicisme. Vers 1685, on commence déjà à contester les règles, et peut-être plus encore ceux qui les ont imposées, en littérature, en musique, en architecture, en peinture, bref dans tous les domaines artistiques ; c'est ce qu'on appelle la querelle des Anciens et des Modernes. Il reste que, dans ce quart de siècle, à l'instigation d'un jeune roi intéressé aux arts, puissant et suffisamment riche pour encourager les artistes qui lui plaisent et qui glorifient son règne, on assiste à une éclosion artistique considérable, sans doute la plus remarquable de l'histoire française. Il faudrait des pages pour énumérer tous ceux et celles qui ont produit à cette époque une œuvre inoubliable : le théâtre des Corneille, Racine et Molière, les *Fables* de La Fontaine, les contes de Perrault, les romans de Madame de La Fayette, les *Pensées* de Pascal, le *Discours de la méthode* de Descartes, les *Sermons* de Bossuet, *Les Caractères* de La Bruyère, les *Maximes* de La Rochefoucauld, la musique des Lully, Charpentier et Marais, les sculptures des Girardon et Coysevox, les toiles des Poussin et Le Nain, les châteaux édifiés par Hardouin-Mansart ou décorés par Le Brun, les forteresses érigées par Vauban, les jardins dessinés par Le Nôtre…

La détermination des classiques à ordonner et à réglementer la création artistique n'est pas étrangère à la volonté de Louis XIV de tout organiser et diriger dans son royaume. Il n'est plus question, comme à l'époque baroque, de laisser la seule imagination maîtresse de la beauté et du bon goût. On doit l'encadrer, la délimiter, lui imposer la mesure, la raison et la logique. Le respect de ces cadres, de ces limites et de ces règles assure, croit-on, la production d'œuvres universelles, éternelles. Ces règles sont surtout formelles, chaque art étant soumis à l'épreuve du beau et à l'autorité des maîtres, passés ou actuels. Dans le domaine littéraire, des théoriciens élaborent des préceptes inspirés des auteurs de l'Antiquité grecque et romaine. Le plus connu de ces théoriciens, auteur de *L'Art poétique* (1674), Nicolas Boileau, s'inspire d'Anciens comme Platon, Aristote (Grèce, IVe siècle av. J.-C.) et Horace (Rome, Ier siècle av. J.-C.) ainsi que de contemporains comme Joachim du Bellay (XVIe siècle) et François de Malherbe (XVIIe siècle) afin d'établir les lois qui régissent chaque genre : tragédie, comédie, épopée, ode, sonnet, etc. Certains des principes de composition classiques marqueront pour des siècles la littérature : l'alexandrin (vers de douze syllabes) restera pour des générations de poètes le plus prisé des vers ; la célèbre règle des « trois unités » [1] (de temps, de lieu et d'action) encadrera longtemps la création théâtrale. Le tout est enrobé de principes relatifs au bon goût, au respect de la nature et du naturel, à l'observance de la moralité et de la bienséance ainsi qu'à la défense de l'ordre social. Ce sont ces mêmes règles que contesteront les auteurs qui prendront part à la querelle des Anciens et des Modernes. Surtout à partir de 1685, où la controverse se rend jusque dans les murs de l'Académie française. Dans cette auguste enceinte, en effet, ces principes avaient commencé à s'imposer en 1637, lors de la querelle sur *Le Cid* de Corneille, qui a mené à la codification du théâtre « régulier », c'est-à-dire conforme aux règles.

Molière tente souvent de se conformer aux règles classiques : il a composé de grandes comédies en alexandrins et en cinq actes considérées des chefs-d'œuvre du classicisme… mais *Le Médecin malgré lui* ne suit pas ce modèle. À la fois héritière de la farce médiévale, de l'esthétique baroque et de la démesure burlesque, cette pièce de théâtre a beaucoup été critiquée du vivant de Molière, non parce qu'elle n'est pas comique, mais parce que le comique ne respecte pas certaines des sacro-saintes règles du classicisme. Elle compte trois actes, non cinq ; elle n'est pas écrite en vers, mais bien en prose. L'unité de lieu n'est respectée que par un artifice qui fait que la forêt où travaille Sganarelle est toute voisine des lieux où prennent place, d'une part, ses démêlés avec Martine, d'autre part, ses rencontres avec Géronte et son entourage, soit le jardin et la maison de ce dernier.

---

1. La règle des « trois unités » est définie à la page 90.

L'unité de temps semble respectée : tout se déroule en un seul jour. Quant à l'unité d'action, n'en parlons pas, car elle se ramifie en une multitude d'intrigues : Martine et Sganarelle se réconcilieront-ils ? Sganarelle réussira-t-il à se sortir de la confusion où l'a plongé sa mascarade de médecin ? Géronte acceptera-t-il finalement le mariage de sa fille avec l'homme qu'elle aime ? et d'autres intrigues encore, uniquement liées par le fait que s'y rencontrent des personnages très disparates.

La langue

La langue a suscité, au cours du XVIIe siècle et même jusqu'à nos jours, des débats aussi passionnés que ceux portant sur les règles artistiques. Quelle langue, en effet, privilégier dans les textes littéraires et dans les autres formes de communication écrite ? Il est bon de rappeler deux faits, concernant le début du siècle : premièrement, le français n'est encore qu'un des quelque trois cents dialectes parlés en France, le plus important certes, car c'est celui du roi, de la cour et de Paris ; deuxièmement, ni les grammaires ni les dictionnaires n'existent. Ce sera l'un des grands projets de l'époque de faire du français la langue nationale et de lui donner des ouvrages linguistiques pour le devenir. Vaugelas édite la première grammaire en 1647, et encore ne porte-t-elle que le titre de *Remarques sur la langue française.* Le premier dictionnaire, une œuvre de Furetière, est publié en 1690, puis paraît celui de l'Académie française en 1694, soixante ans après la fondation de l'institution. Dans un contexte où les auteurs travaillent à peu près sans ouvrages de référence, le choix des mots, les accords, la construction des phrases posent des problèmes de taille.

L'idiome qui servira finalement de référence est celui de la cour, du roi et de son entourage, donc la langue de la couche aisée et dirigeante de la société parisienne, celle que Malherbe avait commencé à imposer dès 1605. Pas le parler brut de l'ouvrier et du petit bourgeois. Pas le patois grossier du paysan, de l'artisan et de l'homme du peuple. Pas le langage technique du spécialiste. C'est la langue raffinée de l'aristocratie, le vocabulaire généraliste des dirigeants et des maîtres, le beau langage de l'« honnête homme » qui fera son chemin dans les dictionnaires et grammaires.

Deux tendances s'affrontent avant de voir le triomphe de, disons, cette « voie du milieu » : préciosité et burlesque. Les précieux, et surtout les précieuses, ont tenté d'imprimer à la langue un raffinement excessif, une recherche outrancière de mots et d'expressions qui distinguent les « gens de qualité » du simple peuple. Les burlesques voulaient plutôt une langue riche de toutes ses variétés, aussi bien populaires que nobles, familières que recherchées. Les uns méprisaient la langue du peuple, les autres voulaient l'élever au même plan que celle de la noblesse dans les dictionnaires. Ce débat a laissé des marques profondes dans toutes les sociétés francophones, où l'on met en opposition le « bon » langage du dictionnaire au « mauvais » parler populaire, encore de nos jours.

Molière ne peut résister à l'effet comique qu'entraîne le contraste entre deux niveaux de langue, correct et populaire. On peut facilement imaginer les bonnes gens de la cour faire des gorges chaudes des erreurs de prononciation de Jacqueline et de Lucas, les gens éduqués de la région parisienne s'esclaffer devant les maladroites expressions campagnardes de Thibaut et de Perrin. Les quinze ans que Molière et sa troupe ont passés sur les routes provinciales ont visiblement laissé des traces. Les Québécois d'aujourd'hui se reconnaîtront sans doute un peu dans ce langage familier : plus de trois siècles après Molière, ils en perpétuent l'emploi dans leur vie quotidienne. Pas tous bien sûr, mais bien des mots qu'ils reprennent encore aujourd'hui remontent aux premiers temps de la colonisation. Voyons quelques exemples. Changement du son [wa] (« oi ») en [ɛ] (« è ») : « il parle tout fin drait » (l. 427). Du son [ɛ] (« è ») en [a] (« à ») : « Alle aurait été » (l. 450), « Allons vite le charcher » (l. 233-234), « la libarté » (l. 372), « eune impartinante » (l. 475), « votte sarviteur » (l. 576). Remplacement de la consonne *t* par *qu* : « amiquié » (l. 436 et 466), « hériquié » (l. 454), « quarquié » (l. 465), « quienne » (l. 576). Ce dernier exemple n'est pas sans rappeler le fameux « Quiens-toué » de Ding et Dong, n'est-ce pas ? On pourrait ainsi multiplier les cas : finales inachevées (« notte » et « votte » pour *notre* et *votre*), déformations (« queuque » pour *quelque,* « souillez » pour *soulier*), etc. Quant aux jurons, ils ont dû choquer autant que faire rire. La bienséance et la religion réprouvaient l'invocation du nom de Dieu, et par le fait même du diable, *a fortiori* en public. Molière, à l'exemple du peuple, contourne la difficulté par une déformation des mots sacrés : « diantres » (l. 929) ou « guèbles » (l. 931) pour *diables,* « fi » (l. 1053) pour *foi,* « figué » (l. 356) pour *foi en Dieu,* « palsanguenne » (l. 413) pour *par le sang de Dieu,* « morbleu » (l. 22) pour *mort de Dieu.* Les autorités morales et religieuses ne sont pas dupes, elles savent que ces finales en -gué, -guenne ou -bleu signifient bien Dieu, et l'on n'a pas manqué d'en faire le reproche à l'auteur. Et au Québec ? Que signifient, à votre avis, des mots comme « bon yeu », « bon yenne », « iâbe » et « guiâbe » ? Qu'il s'agit bien de l'héritage des patois de la vieille France.

La science et la médecine

L'évolution de la science, en particulier de la médecine, offre un bon exemple du fait que le XVIIᵉ siècle est une époque à la fois de transition et de contradiction : les croyances traditionnelles sont encore bien vivantes en même temps que s'affirment peu à peu les sciences modernes. L'alchimie, les remèdes de bonne femme et les superstitions populaires côtoient les sciences naissantes : physique, chimie, astronomie…

N'oublions pas qu'à cette époque on fait encore la chasse aux sorcières, toujours condamnées à périr au bûcher, comme au Moyen Âge et à la Renaissance : la plus célèbre d'entre toutes a pris place à Salem, aux États-Unis, en 1692. Au bûcher aussi on brûle les hérétiques, c'est-à-dire ceux et celles qui remettent en question le dogme catholique et les lois de la sainte Église. Si cela prouve la survivance de pseudo-connaissances et de traditions occultes, cela révèle également le rôle de l'Église dans la persécution non seulement des sorciers et des sorcières, mais aussi de savants véritables dont les découvertes s'opposent aux révélations divines. De nombreux scientifiques, en effet, se trouvent dans l'inconfortable position de contredire les croyances et les dogmes religieux. Le cas de Galilée (1564-1642) est, sous ce rapport, tristement révélateur. Grâce à une lunette astronomique de son invention, il constate, à l'instar de Copernic (1473-1543), que la Terre n'est pas le centre du monde, que notre planète n'en est qu'une parmi d'autres qui tournent toutes autour du Soleil. L'Inquisition, tribunal ecclésiastique chargé de réprimer les crimes contre l'Église, force l'astronome à se récuser et l'assigne à résidence jusqu'à sa mort. En cette période où le nombre de protestants est à la hausse, l'Église romaine ne peut laisser s'insinuer dans les esprits le doute, serait-il d'origine scientifique. C'est pourquoi elle persécute, en même temps que les hérétiques, tous ceux et celles qui répandent l'incertitude au sujet de la parole biblique.

Ce siècle, malgré tout, voit la science véritable progresser et s'imposer. L'invention de nouveaux instruments de connaissance de l'univers le montre bien : le télescope et le microscope, qui explorent l'infiniment grand et l'infiniment petit ; les premières pendules et montres ; le thermomètre et le baromètre, qui permettent les relevés météorologiques précis ; les premières calculatrices mécaniques, entre autres celle de Pascal (1623-1662), considérée comme un lointain ancêtre de nos ordinateurs ; la machine à vapeur, invention de Papin (1647-1714), qui plus tard propulsera la révolution industrielle. On découvre la pression atmosphérique, la diffraction et la décomposition de la lumière, la circulation sanguine, les principes de la gravitation… et le fameux champagne ! Sans compter que les voyages d'exploration et la colonisation permettront l'introduction en Europe de nombreux végétaux et produits inconnus jusqu'alors : patate, tabac, caoutchouc, maïs, café, etc. Les physiciens et les mathématiciens sont aussi philosophes : Descartes (1596-1650) établit les bases de la méthode scientifique dans son *Discours de la méthode* ; Leibniz (1646-1716) et Newton (1642-1727), codécouvreurs du calcul différentiel, remettent tout en question, obligés qu'ils se sentent de soumettre le monde à l'œil de la science. Et toutes ces connaissances bénéficient d'un moyen de diffusion de plus en plus efficace à mesure que se perfectionne l'imprimerie.

Quant à la médecine, sujet de la présente pièce de Molière, elle n'est pas moins entachée de superstitions, de traditions et de mythes. Elle s'inspire encore des bases empiriques posées par Hippocrate (Grèce, v. 460-v. 377 av. J.-C.) et par Galien, médecin grec du IIe siècle de notre ère ayant exercé un peu partout dans l'Empire romain. Elle bénéficie de découvertes comme celles de Paracelse (1493-1541), alchimiste et médecin qui soignait avec des métaux, dont le mercure. Elle évolue rapidement grâce à la dissection, autrefois interdite, pour comprendre le fonctionnement des principaux organes : cœur, foie, poumons…

LE MÉDECIN HYDROPATHE.
HONORÉ DAUMIER (1808-1879).

Et puis il y a le microscope, grâce auquel on repère la présence insoup-çonnée d'animalcules : se peut-il que ces bestioles minuscules soient la cause de nombreuses maladies ? Leur découverte cause toute une sur-prise, en particulier dans le corps médical, car on ignore totalement le rôle des germes, microbes et virus. À cette époque, on ne perçoit pas la maladie comme le résultat d'agressions d'agents externes microscopi-ques, mais plutôt comme un déséquilibre interne, un dérèglement des organes ou des « humeurs », c'est-à-dire des fluides corporels. Soigner, c'est rétablir cet équilibre rompu, par exemple en faisant une saignée, ce qui permet, pense-t-on, au sang de se reconstituer. On a recours à des cataplasmes, à des plantes, à des décoctions et même à certains ali-ments, parfois avec un certain succès, souvent sans plus d'efficacité qu'un placebo, à l'occasion causant plus de tort que de bien.

Le spectateur d'aujourd'hui, habitué aux mesures précises, aux principes rigoureux de la science, aux lois et théories soumises à l'épreuve de la vérification, de la recherche systématique et de l'expé-rimentation, est bien étonné de la critique que Molière fait de la médecine, par l'intermédiaire d'un personnage aussi farfelu que Sganarelle « *en robe de médecin, avec un chapeau des plus pointus* » (l. 486). Le spectateur de l'époque, lui, voit comme tout naturel qu'un médecin « s'amuse à cueillir des simples » (l. 192), c'est-à-dire des plantes médicinales, ou parle grec et latin (ACTE II, SCÈNE 2), langues acquises à l'université au contact des auteurs antiques dont nous avons parlé plus haut et auréolées de ferveur à la fois scientifique et religieuse. Il ne voit rien d'extraordinaire non plus dans le fait qu'un médecin prescrive « un fromage préparé, où il y entre de l'or, du coral [*sic*] et des perles, et quantités d'autres choses précieuses » (l. 888-889), ou encore de « la rhubarbe, [de] la casse et [du] séné » (l. 895-896). Comme Sganarelle, il croit qu'« il ne sera mauvais de vous faire quelque petite saignée amiable, de vous donner quelque petit clystère dulcifiant » (l. 721-722) à titre préventif.

Victime lui-même de médecins plus ou moins incompétents, Molière ne rate aucune occasion de se venger de leur inefficacité : « Je trouve que c'est le métier le meilleur de tous ; car, soit qu'on fasse bien ou soit qu'on fasse mal, on est toujours payé de même sorte. La méchante besogne ne retombe jamais sur notre dos, et nous taillons, comme il nous plaît, sur l'étoffe où nous travaillons. Un cordonnier, en faisant des souliers, ne saurait gâter un morceau de cuir qu'il n'en paye les pots cassés ; mais ici l'on peut gâter un homme sans qu'il n'en coûte rien. Les bévues ne sont point pour nous ; et c'est toujours la faute de celui qui meurt. Enfin, le bon de cette profession est qu'il y a parmi les morts une honnêteté, une discrétion la plus grande du monde ; jamais on n'en voit se plaindre du médecin qui l'a tué » (l. 824-834). Pour nous, qui sommes habitués aux assurances et aux réclamations, c'est traiter bien légèrement la vie humaine.

LA VIE DE MOLIÈRE (1622-1673)

L'œuvre de Molière bénéficie d'un extraordinaire concours de circonstances, nous dirions aujourd'hui d'un extraordinaire effet de convergence : il a reçu une éducation qui s'offrait non plus seulement aux riches nobles, mais également aux petits bourgeois comme lui ; il a pu profiter des règles de composition élaborées en son temps et se définir par rapport à celles-ci ; sa troupe de théâtre est arrivée à Paris au moment où la cour du jeune Louis XIV s'adonnait aux plaisirs des soirées somptueuses et des spectacles éblouissants ; ses comédies présentent une unité, une cohérence, une homogénéité qu'explique peut-être le fait qu'elles ont été rédigées sur une courte période par un homme mûr, sûr de son talent ; il a rencontré les plus grands auteurs de son temps et a bénéficié de la protection des plus grands mécènes. En somme, Molière a porté tous les chapeaux du théâtre : l'auteur en lui a bénéficié de l'expérience du comédien et du metteur en scène, du besoin de réussite du directeur de troupe, du désir du roturier d'être respecté par les nobles.

Jean-Baptiste Poquelin (1622-1643)

Avant de devenir Molière, qui est son nom de scène, il s'appelait Jean-Baptiste Poquelin. Né à Paris en 1622, il est le fils de Marie Cressé et de Jean Poquelin, marchand tapissier qui, grand honneur pour un petit bourgeois, entrera quelques années plus tard au service de Louis XIII. L'enfant n'a que 10 ans lorsque meurt sa mère, qui lui laisse un héritage considérable de cinq mille livres, la monnaie du temps. Jusqu'en 1640, il poursuit des études de droit, puis reprend de son père la charge de tapissier du roi, à laquelle il renonce trois ans plus tard pour se consacrer au théâtre. Il a rencontré on ne sait trop quand une jeune femme de quelques années son aînée, Madeleine Béjart, dont la famille vit de théâtre et de spectacles. Avec elle et sept autres compagnons, dont deux autres Béjart, il fonde en 1643 l'Illustre-Théâtre.

Molière (1644-1658)

Les affaires ne vont pas aussi bien que lui et ses compagnons le souhaitaient. Il adopte le pseudonyme de Molière en 1644 et, malgré la protection du frère de Louis XIII, le duc Gaston d'Orléans, il est emprisonné pour dettes en 1645. Humiliation suprême, c'est son père qui doit le sortir de prison !

Commence alors une vie d'errance en province où l'Illustre-Théâtre se bâtit une réputation et où Molière parfait l'apprentissage de son triple métier de comédien, directeur de troupe et auteur. On signale la présence de la troupe dans plusieurs villes, et l'on pense qu'elle chercha à éviter les troubles de la Fronde, qui faisait rage aussi bien en province que dans la capitale. L'exil dure treize ans, jusqu'en 1658. La troupe joue de tout, se nourrissant des auteurs à la mode, des tragédies aussi bien que des comédies, mais aussi probablement des farces, sortes de bouffonneries où, sur un canevas convenu, les comédiens brodent des jeux de scène, des blagues et des plaisanteries. C'est de cette époque que datent ses premières œuvres personnelles attestées : *L'Étourdi* (1655) et *Le Dépit amoureux* (1656), bien que certains spécialistes croient que Molière aurait écrit des pièces dès 1646.

De grands seigneurs commencent à remarquer son talent, comme le prince de Conti qui, de 1653 à 1656, lui accorde sa protection financière : on appelait alors « pensions » les subventions accordées par des mécènes. C'est aussi grâce à la protection de Monsieur, frère du roi, qu'en 1658 il revient à Paris. Dans ses voyages, il a rencontré Pierre et Thomas Corneille, les auteurs de théâtre les plus célèbres de leur temps. Cette année-là, devant la cour et le roi, il joue *Nicomède* (1651) de Pierre Corneille, puis *Le Docteur amoureux,* farce de Molière probablement inspirée du *Dépit amoureux* de 1656 ou qui sert de canevas au *Médecin malgré lui* (1666). La cour est séduite, le roi, enchanté, accorde à Molière la permission de s'installer au théâtre du Petit-Bourbon, salle qu'il partage avec la troupe des Italiens. C'est la gloire !

Triomphe et disparition du comédien du roi (1658-1673)

L'Illustre-Théâtre de Molière compte trois troupes rivales à Paris : les Italiens, le théâtre du Marais et le théâtre de l'Hôtel de Bourgogne [1]. Molière doit se tailler une place dans cet univers hautement compétitif : on se vole des comédiens, des auteurs rivaux présentent l'un contre l'autre des pièces portant sur le même sujet au même moment dans des salles concurrentes, sans compter les coups bas, les conflits commerciaux, l'engagement de détracteurs et de critiques pour abaisser l'adversaire et autres mesquineries pour dérober la faveur du public. Dans la seule année 1660 — ceci donne un aperçu de la somme de travail nécessaire pour percer dans ce monde —, Molière doit monter vingt-neuf pièces de quatorze auteurs différents ! Trente pièces en 1661, et vingt-six pièces, de dix auteurs, en 1662.

Molière entame une période de créativité à laquelle seule la mort mettra fin. *Les Précieuses ridicules* (1659) et *Sganarelle* (1660), malgré leur succès, donnent des recettes plutôt moyennes. La démolition du Petit-Bourbon en 1660 force la troupe au chômage, mais permet à Molière d'écrire trois pièces, dont *L'École des maris* et *Les Fâcheux,* toutes deux présentées en 1661 au Palais-Royal qu'il a réussi à se faire attribuer. Suivent *L'École des femmes* (1662), *La Critique de l'École des femmes* et *L'Impromptu de Versailles* (1663). Louis XIV invite de plus en plus souvent Molière et sa troupe à la cour, allant même jusqu'à figurer dans certaines pièces, par exemple dans *Le Mariage forcé,* en 1664. Le roi accorde une pension à Molière, qu'il recevra jusqu'à la fin. Puis, c'est l'atterrement : choqué par le portrait défavorable d'un dévot, le roi interdit la présentation de *Tartuffe,* interdiction qui tiendra jusqu'en 1669. Second échec en 1665 : Racine, qui avait confié sa tragédie *Alexandre le Grand* à la troupe de Molière, change d'avis quinze jours après le début des représentations et la fait jouer à l'Hôtel de Bourgogne. Les comédiens ont travaillé pour rien, ce qui n'aide aucunement la troupe, toujours au seuil de rentabilité, ni le mariage déjà chancelant de Molière. Il a en effet épousé Armande Béjart, une jeune fille de 19 ans, en 1662. Ils se séparent en 1666.

---

1. Voir « Le théâtre à l'époque de Molière », p. 87.

La Mort de Molière.
GRAVURE D'APRÈS UN DESSIN DE FÉLIX PHILIPPOTEAUX (1815-1884).

À 44 ans, surmené, écrasé par le travail, les soucis d'argent et les difficultés conjugales, Molière tombe malade et donne les premiers signes des convulsions qui l'emporteront quelques années plus tard.

Grâce à ses propres œuvres surtout, Molière prospère. Il présente ses chefs-d'œuvre comiques pendant ces années sombres : *Dom Juan* en 1665, *Le Misanthrope* et *Le Médecin malgré lui* en 1666, *George Dandin* et *L'Avare* en 1668, *Tartuffe* et *Monsieur de Pourceaugnac* en 1669, *Le Bourgeois gentilhomme* en 1670, *Les Fourberies de Scapin* en 1671, *Les Femmes savantes* en 1672 et *Le Malade imaginaire* en 1673. Quelques victoires sur ses adversaires mettent un peu de baume sur les plaies de Molière. Par exemple, il convainc Corneille, jusqu'alors joué à l'Hôtel de Bourgogne, de lui confier ses pièces ; mais l'auteur vieillissant, qui bénéficie de la faveur publique depuis trois décennies, sera bientôt détrôné par un jeune loup affamé de gloire, Racine. Les malheurs se multiplient : la comédienne Du Parc le quitte pour jouer à l'Hôtel de Bourgogne, il se brouille avec Donneau de Visé, auteur à succès, avec Lully, musicien du roi qui a collaboré avec Molière en composant des musiques et des ballets pour ses pièces. Madeleine Béjart, comédienne associée à la troupe de Molière depuis 1643, meurt en 1672. Et toujours la maladie tenaille Molière. Lui-même, à la quatrième représentation du *Malade imaginaire,* s'effondre sur scène sous les rires d'un public qui croit en une nouvelle pitrerie : il ne verra jamais le matin du 18 février 1673. C'était un an, jour pour jour, après le départ de Madeleine Béjart. Il avait eu 51 ans un mois plus tôt.

MOLIÈRE ET SA FEMME.
GRAVURE D'APRÈS UN TABLEAU ANGLAIS.

L'ŒUVRE EXPLIQUÉE

Le théâtre à l'époque de Molière

Au début du XVIIe siècle, le théâtre français en est encore à ses balbutiements. Comme au Moyen Âge et à la Renaissance, les pièces, souvent de simples canevas ou scénarios autour desquels les acteurs sont libres de broder, sont jouées par des amuseurs publics montés sur des tréteaux dans les marchés et les foires. On est encore tout près des farces médiévales, remplies de pitreries, de quiproquos et de pirouettes. Le genre est considéré avec plus ou moins de sérieux : ainsi, sur les quelque six cents pièces qu'aurait écrites Hardy (1570-1632), à peine trente-quatre nous sont parvenues. Il existe bien quelques pièces graves, surtout des vies de saints et des passions qui racontent la vie et la mort de Jésus. Cependant, l'Église s'oppose farouchement à la représentation théâtrale, allant jusqu'à excommunier auteurs et acteurs. Peut-être pour cette raison, les dramaturges cherchent à légitimer le théâtre en lui donnant une valeur morale et éducative. Durant tout le siècle, il suscite à la fois attirance et rejet, curiosité et antipathie. Il deviendra pourtant le genre le plus représentatif, le plus significatif du temps.

LES TROUPES

L'avènement à Paris de troupes permanentes, installées dans de véritables salles, a joué un rôle déterminant en ce qui a trait à la prépondérance et à l'évolution du genre théâtral. Du vivant de Molière, elles sont au nombre de quatre : la *commedia dell'arte* des Italiens, le théâtre de l'Hôtel de Bourgogne, le théâtre du Marais et la propre troupe de Molière, l'Illustre-Théâtre.

Arrivés en France avec la famille de Médicis au milieu du XVIe siècle, Catherine et Marie de Médicis ayant épousé respectivement les rois Henri II et Henri IV, les Italiens s'adonnent à la *commedia dell'arte,* dont les personnages typiques (Scaramouche, Arlequin, Pierrot, Colombine, Polichinelle, Pantalon, etc.) adoptent un jeu exagéré et très corporel, souvent amplifié par des costumes et des masques bien reconnaissables. Ils jouent d'abord en italien, ce qui ne semble pas trop gêner le public français : les deux langues se ressemblent assez, et le jeu très visuel des comédiens permet une traduction immédiate du sens. Petit à petit, ils jouent dans un italien mêlé d'un peu de français. La troupe de Molière, croit-on, a perfectionné son jeu et ses personnages au contact des Italiens, au plus grand déplaisir de ces derniers, semble-t-il, car ils quittent Paris de 1659 à 1662, peu après le retour de Molière dans la capitale. Ils garderont une certaine popularité presque jusqu'à la fin du règne de Louis XIV.

Le théâtre de l'Hôtel de Bourgogne, le plus ancien de Paris, fondé par privilège royal en 1548, était considéré comme celui du roi, donc le plus prestigieux. Il est composé à l'origine des comédiens qui ont joué sur le parvis des églises et cathédrales les mystères, passions et autres œuvres à caractère religieux. C'est dans ce lieu que se déplace la noblesse pour assister à une soirée de théâtre, à moins qu'on ne fasse carrément venir la troupe au château.

Le théâtre du Marais, du nom d'un quartier de Paris, installé dès 1600 dans un « jeu de paume », sorte de gymnase où se pratiquaient des sports semblables au tennis, peut rivaliser avec l'Hôtel de Bourgogne dès les années 1630. Il bénéficie de la salle la plus moderne de son temps ; c'est *le* lieu à la mode où se jouent les nouveautés exigeant des machines et des effets spéciaux.

L'Illustre-Théâtre, celui de Molière et de sa femme, Armande Béjart, revient à Paris en 1658 après treize années de voyage en province. Il s'installe d'abord au Petit-Bourbon, salle qu'il partage avec les Italiens, puis au Palais-Royal jusqu'à la mort de Molière en 1673. Il fusionne alors avec le théâtre du Marais, et la troupe nouvelle ainsi formée s'installe à l'Hôtel Guénégaud.

Toutes ces troupes, à l'exception des Italiens, sont fusionnées en 1680, par ordre du roi, pour former la Comédie-Française.

Les salles d'alors ressemblaient aux salles actuelles, mais la scène était petite, plutôt sombre, éclairée à la chandelle. Au parterre, les spectateurs masculins qui avaient payé un droit d'entrée modeste se tenaient debout. Dans cette foule badinaient les donneurs de claque, c'est-à-dire ceux qui étaient payés pour applaudir une pièce et influencer le reste du public par des remarques admiratives. Déambulaient aussi les siffleurs, engagés, eux, tout au contraire pour conspuer l'auteur, pour nuire au spectacle par des sifflements et des cris. Dans les loges érigées autour du parterre, des places assises étaient réservées au public plus en moyens, riches dames et autres personnages en vue. Tout en haut, le pigeonnier accueillait d'autres spectateurs moins fortunés. Enfin, sur la scène elle-même, de chaque côté, des fauteuils attendaient les mécènes, donateurs et autres commanditaires qui, ayant versé de grosses sommes, désiraient voir et être vus. Ces salles étaient en outre munies de décors peints ou en menuiserie, de trappes et de machines permettant de créer des effets spéciaux : tonnerre et éclairs, mouvements de vagues sur la mer ou de nuages dans le ciel, envol de personnages, etc. On le voit, à l'époque de Molière, le théâtre a beaucoup évolué par rapport à ses modestes origines.

LES GENRES

Le goût et le raffinement du public aussi ont évolué. En lisant aujourd'hui les œuvres passées à l'histoire, on pourrait croire que deux genres seulement furent pratiqués au XVIIe siècle : la tragédie et la comédie, en plus d'un genre intermédiaire, la tragicomédie, qui n'est pas une tragédie comportant des épisodes comiques, mais une tragédie dont le dénouement est heureux. La tragédie classique mettait en scène des personnages historiques ou bibliques ayant connu un triste sort, une fin malheureuse. Ce sont toujours des personnes de pouvoir, empereurs, rois ou reines, princes et princesses dont la vie tragique inspire une morale, une leçon. La plupart du temps, leur drame provient d'un déchirement entre des valeurs inconciliables, par exemple amour et pouvoir, ou encore amour et devoir. C'est pourquoi l'on parle souvent de la tragédie comme illustration de l'opposition entre passion et raison. La comédie, quant à elle, se subdivise en sous-genres comme la farce, la comédie de caractère ou la comédie de mœurs. Elle présente habituellement des personnages contemporains, plutôt des types ou des caricatures que des portraits de personnes réelles. L'un des personnages a un défaut : il peut être avare, antisocial, ivrogne, amoureux de qui il ne faut pas… L'auteur exploite ce défaut pour créer des situations embarrassantes et drôles. Tout en suscitant le rire, il transmet une morale de vie.

En fait, ces deux genres, tragédie et comédie, ne se sont pas imposés immédiatement. Ils sont le fruit d'une longue évolution, de nombreux échecs et réussites, essais et erreurs, de goûts changeants du public, d'une codification et de règles censées produire des chefs-d'œuvre universels. Durant ces années de formation, on expérimente auprès du public différentes formules afin de trouver celles qui fonctionnent le mieux, qui plaisent le plus tant au public qu'aux critiques, qui, en somme, produisent les œuvres les plus intéressantes. On introduit des chœurs, comme l'avaient fait les auteurs grecs et romains, mais cette pratique est bientôt abandonnée. Pendant quelques années, on présente des pastorales et des drames. Dans les premières, on voit surtout les amours satisfaites ou contrariées de bergères et de pâtres, dans un cadre champêtre, où paraissent parfois des êtres mythiques, mais cela contrariait la préférence de l'époque pour la vraisemblance. Dans les seconds, on montre le sort émouvant d'hommes et de femmes en proie au doute, aux difficultés de la vie, aux passions interdites, mais le pathétique ne suffisait pas à un public qui désirait éprouver plus que de la pitié. Puis, surtout sous l'influence shakespearienne, on présente des pièces où se mêlent drame et comédie, mais cela contrevenait à l'unité de ton : on préfère choisir le spectacle sachant qu'il sera drôle ou tragique. Et l'on tente d'intégrer d'autres formes artistiques comme la musique et la danse. Molière lui-même écrit des comédies-ballets. Comme les autres genres à la mode du temps, ces expériences ne feront pas long feu.

Au fil de ces expériences, on établit une série de conventions et de règles, inspirées des auteurs de l'Antiquité, dont la fameuse règle des trois unités : unité d'action, unité de lieu, unité de temps. L'auteur doit éviter de se disperser et de confondre le public en montrant des ramifications trop nombreuses d'une même situation, d'où la règle de l'unité d'action. Pour des questions de commodité, l'action doit se situer en un seul lieu, ce qui évite les changements de décor en cours de représentation. Quant à l'unité de temps, elle exige que l'action se déroule en un seul jour, afin d'obtenir un concentré tragique ou comique et, ici également, d'éviter le dispersement. D'autres règles s'imposent, comme celles de la vraisemblance et de la bienséance : dans cette société aristocratique, le bon goût et la retenue sont de mise. Ainsi, par souci de bienséance, on évite la représentation de scènes disgracieuses, de combats, etc. Boileau précise, au « Chant III » de *L'Art poétique* : « Ce qu'on ne doit point voir, qu'un récit nous l'expose : / Les yeux, en le voyant, saisiraient mieux la chose ; / Mais il est des objets que l'art judicieux / Doit offrir à l'oreille et reculer des yeux. » Tâchant de respecter ces règles, les auteurs s'efforcent par la même occasion d'écrire des pièces toujours meilleures, de surclasser leurs rivaux, de satisfaire les critiques. Ils ont de surcroît un certain sens de la postérité ; ils souhaitent léguer aux générations futures des œuvres qui « parleront » encore après leur mort. En cela, ils ont des modèles car, pour eux, les auteurs de l'Antiquité représentent la perfection même. Ils cherchent à atteindre, voire à dépasser cette perfection. En ce sens, on peut affirmer que les règles ont permis l'éclosion d'une véritable dramaturgie moderne, efficace, car ces conventions, du moins certaines d'entre elles, survivent de nos jours dans le rituel du théâtre.

Les personnages

Les personnages de théâtre aussi évoluent. Ils n'étaient souvent, dans la comédie du début du siècle, que de simples types, des caractères sans épaisseur et sans émotions. Chez Molière et ses contemporains, ils éprouvent des sentiments, souffrent non seulement des coups qu'ils reçoivent mais aussi de ceux qu'ils doivent donner, sont sensibles au bonheur et au malheur des autres, prennent le temps d'écouter les autres et modifient leur comportement en conséquence, plutôt que de s'en tenir à leurs attributs spécifiques.

Sganarelle

Y a-t-il un ou plusieurs Sganarelle ? On peut en effet le voir pluriel, car on discerne facilement deux Sganarelle dans *Le Médecin malgré lui* : celui, époux et père de famille, qui louvoie entre tendresse et menace avec Martine, et celui qui joue au médecin avec les autres personnages. Il s'agit foncièrement du même homme, mais tellement différent ! En fait, il y a trois, cinq, dix Sganarelle, qui change en fonction de ceux qu'il côtoie. Autoritaire, querelleur, fanfaron avec son épouse qui le provoque (ACTE I, SCÈNES 1 et 2), on le découvre ivrogne, dévoyé et vaurien dès qu'il peut disparaître de sa vue : « Ma foi, c'est assez tra-vaillé pour boire un coup. [...] *Qu'ils sont doux, / Bouteille jolie, / Qu'ils sont doux, / Vos petits glou-gloux !* » (l. 244-250). Fin négocia-teur, intransigeant sur les prix, et donc sur la valeur de son travail, avec Valère et Lucas lorsqu'il croit qu'ils veulent lui acheter des fagots, il perd son assurance, devient piteux et douillet quand ils le battent (ACTE I, SCÈNE 5). Après avoir admis à contrecœur être médecin, il assume si bien son rôle que bientôt plus personne ne doute qu'il le soit, et le meilleur ! (ACTE II et ACTE III, SCÈNES 1 à 6). Examinons donc son comportement avec chaque personnage de la pièce, en commen-çant par les femmes.

MARTINE

D'entrée de jeu, elle apparaît devant les spectateurs au beau milieu d'une querelle avec son mari. Elle lui reproche de trop boire, de mal s'occuper de sa famille, de négliger ses devoirs paternels. Il ne se défend qu'avec mollesse, trop conscient de ce qu'il est, mais menace de la battre si elle ne cesse de lui adresser des reproches. Ayant mis sa menace à exécution, il oblige Martine à une réconciliation, à laquelle elle se conforme du bout des lèvres, promettant en aparté de se venger. La venue de Valère et de Lucas lui fournit un prétexte : ils cherchent un médecin, elle le leur présente comme le plus grand, « un homme qui fait des miracles » (l. 215) ; « fantasque, bizarre, quinteux » (l. 193-194), il doit cependant être battu pour avouer son véritable talent, car il refuse d'en faire usage, préférant s'adonner à des activités triviales comme couper du bois. Satisfaite de son bon coup et certaine d'ob-tenir vengeance par ce stratagème, Martine disparaît de la scène et ne réapparaîtra qu'à la fin (ACTE III, SCÈNE 9), pour émettre des réflexions à double sens sur la condamnation prochaine de son mari : « Hélas ! mon cher mari, est-il bien vrai qu'on va te pendre ? [...] Encore si tu avais achevé de couper notre bois, je prendrais quelque consolation. [...] Non, je veux demeurer pour t'encourager à la mort, et je ne te quitterai point que je ne t'aie vu pendu » (l. 1060-1068). On le voit, la relation de Sganarelle avec son épouse comporte quelque danger. Comme quoi il vaut mieux ne pas provoquer une femme, au grand risque d'en faire les frais ! Face à Sganarelle, elle est le rappel à l'ordre.

JACQUELINE

Aussitôt qu'il aperçoit la femme de Lucas, Sganarelle prouve à quel point Martine avait raison de le qualifier de débauché et de traître : « Peste ! le joli meuble que voilà ! (*Haut.*) Ah ! nourrice, charmante nourrice, ma médecine est la très humble esclave de votre nourricerie [*sic*], et je voudrais bien être le petit poupon fortuné qui tétât le lait (*il lui porte la main sur le sein*) de vos bonnes grâces » (l. 534-538). C'est un des gags récurrents de la pièce : Sganarelle ne peut voir Jacqueline sans tenter de l'embrasser, de l'étreindre, pour ne pas dire plus, au grand déplaisir de Lucas, son mari. Quand il essaie d'éloigner Sganarelle, celui-ci contourne le mari, revient auprès de la jolie nourrice, provoquant une colère grandissante chez un Lucas qui affirmait pourtant un peu plus tôt : « velà [*sic*] un médecin qui me plaît ; je pense qu'il réussira, car il est bouffon » (l. 413-414).

Jacqueline n'est pas que jolie, elle a une tête sur les épaules. Elle représente la voix de la raison. À Géronte, qui veut marier sa fille à un certain Horace plus riche que le Léandre qu'elle aime, Jacqueline rétorque : « j'ai toujours ouï dire qu'en mariage, comme ailleurs, contentement passe richesse [...] et j'aimerais mieux bailler à ma fille eun bon mari qui li fût agréable, que toutes les rentes de la Biausse » (l. 461-462 et 469-470). Et à Sganarelle qui veut la soigner bien qu'elle ne soit pas malade, elle donne un conseil qui devrait avoir des échos auprès de ceux qui abusent des médicaments : « je ne veux point faire de mon corps une boutique d'apothicaire » (l. 728-729). Elle représente la raison, la logique et la mesure que Sganarelle semble avoir perdues.

LUCINDE

La fille de Géronte ne répond d'abord aux questions du « médecin » que par des « han » et des « hon ». Sganarelle, censé la guérir d'une maladie qui l'aurait rendue muette, explique de manière fort savante, quand son père l'interroge :

GÉRONTE : Oui ; mais je voudrais bien que vous me puissiez dire d'où cela vient.

> SGANARELLE : Il n'est rien de plus aisé : cela vient de ce qu'elle a perdu la parole.
>
> GÉRONTE : Fort bien ; mais la cause, s'il vous plaît, qui fait qu'elle a perdu la parole ?
>
> SGANARELLE : Tous nos meilleurs auteurs vous diront que c'est l'empêchement de l'action de sa langue. (l. 640-647)

Il se lance alors dans une diatribe où se mêlent quelques mots de latin et d'autres langues anciennes, un semblant de jargon médical et des références tirées, supposément, d'Aristote. Le spectateur découvre bientôt que Lucinde joue à la muette pour retarder un mariage qui lui déplaît avec Horace, personnage qui n'apparaît jamais sur scène. Amoureuse de Léandre, elle voudra un moment fuir avec son amoureux, mais y renoncera par devoir filial, mais aussi pour rabrouer son père : « Oui, mon père, j'ai recouvré la parole ; mais je l'ai recouvrée pour vous dire que je n'aurai jamais d'autre époux que Léandre, et que c'est inutilement que vous voulez me donner Horace » (l. 969-971). Elle ne parle jamais directement à Sganarelle, sinon par ses borborygmes de muette ; outre l'amour, elle incarne une certaine combativité, une détermination à faire triompher son point de vue. Ce que femme veut…, comme dit le proverbe !

GÉRONTE

En bon père de famille, Géronte cherche le bonheur de sa fille ; il est même prêt à le lui imposer malgré elle ! S'il veut la marier à Horace, c'est pour assurer son avenir. Rien de trop bon pour redonner la santé à sa fille : il ne lui faut pas un médecin ordinaire, mais le meilleur. Sa paternité cependant l'aveugle sur les véritables désirs et besoins de son enfant. Malgré l'amour que sa fille porte à Léandre, malgré les avertissements et les conseils de Jacqueline, il persiste dans la voie qu'il a tracée et fait tout pour empêcher la rencontre de Léandre et de Lucinde.

Avec Sganarelle, qu'il croit grand médecin, il se montre soumis, impressionné par ses connaissances, mais pas au point de passer pour naïf ou de se laisser berner : « Il n'y a qu'une seule chose qui m'a choqué ; c'est l'endroit du foie et du cœur. Il me semble que vous les placez autrement qu'ils ne sont ; que le cœur est du côté gauche, et le foie du côté droit » (l. 692-695). Ayant appris le rôle joué par le faux médecin dans la fuite de Léandre et Lucinde, il mande un commissaire pour faire arrêter et pendre Sganarelle. À la fin de la pièce, Léandre ayant hérité de son oncle, il accorde la main de sa fille à l'heureux héritier. Illustration de l'autorité parentale, il représente moins la sagesse que l'aveuglement où mène un excès de raison raisonnante.

LÉANDRE

Lui et Sganarelle sont les deux seuls personnages déguisés de la pièce. Complaisant, le « médecin » présente en effet Léandre comme son apothicaire (pharmacien), artifice grâce auquel il peut parler à Lucinde, que Géronte lui interdit de voir. Mais face à Sganarelle, Léandre joue surtout un rôle de faire-valoir à qui le médecin de circonstance révèle comment il a obtenu son « diplôme » et à qui il fait part de ses réflexions sur la profession (ACTE III, SCÈNE 1) : son imposture lui fait gagner beaucoup d'argent, même sans guérir les malades, car « les morts [ont] une honnêteté, une discrétion la plus grande du monde » (l. 832-833). Du moment qu'il peut se trouver seul avec Lucinde, Léandre est satisfait, au point de ne pas prononcer un seul mot en tant qu'apothicaire, presque plus spectateur de la pièce que personnage. C'est une sorte d'ingénu masculin, naïf sans être tout à fait simple d'esprit, guidé plus par l'élan du cœur que par la raison.

LUCAS

Voici un autre personnage qui joue un rôle double : d'abord fervent partisan du « médecin », qu'il vante auprès de son maître Géronte (ACTE II, SCÈNE 1), il est malin, farceur, au point de gronder sa femme en malmenant son patron :

LUCAS (*En disant ceci, il frappe sur la poitrine de Géronte.*) : Morgué ! tais-toi, t'es eune impartinante. Monsieur n'a que faire de tes discours, et il sait ce qu'il y a à faire. Mêle-toi de donner à téter à ton enfant, sans tant faire la raisonneuse. Monsieu est le père de sa fille, et il est bon et sage pour voir ce qu'il li faut.
GÉRONTE : Tout doux ! oh ! tout doux !

Lucas, *frappant encore sur l'épaule de Géronte*: Monsieur, je veux un peu la mortifier et li apprendre le respect qu'alle vous doit. (l. 474-481)

Puis, à partir du moment où Sganarelle courtise sa belle épouse, il devient jaloux et s'insurge contre son rival. Le médecin menace de lui donner la fièvre (l. 580), le mari l'envoie chez le diable (l. 931). Excédé, il se fait délateur : « Votre fille s'en est enfuie avec son Liandre. C'était lui qui était l'Apothicaire ; et velà Monsieur le Médecin qui a fait cette belle opération-là » (l. 1047-1049). Par peur de perdre sa femme, il perd le médecin ! C'est la jalousie vengeresse qui le mène.

Valère

Molière choisit soigneusement le nom de ses personnages. Féru de culture grecque et latine, nourri de *commedia dell'arte,* le public de l'époque sait la signification des noms. Sganarelle rappelle le verbe italien *sganasciare,* c'est-à-dire « rire à s'en décrocher la mâchoire ». Géronte vient d'un mot grec signifiant « vieillard », et Léandre contient le mot grec signifiant « homme viril ». Le nom de Martine est dérivé du nom Mars, dieu romain de la guerre, et Lucinde vient peut-être du latin *lux,* « lumière », ce qui fait d'elle la lumineuse, celle qui est éclairée, etc. Valère rappelle le mot valet (son emploi chez Géronte), mais signifie « valeureux », ce qu'il est aussi dans sa quête d'un médecin pour guérir Lucinde. Fidèle, loyal, il gronde Lucas de trouver difficile leur mission : « Il faut bien obéir à notre maître ; et puis nous avons intérêt, l'un et l'autre, à la santé de sa fille, notre maîtresse ; et sans doute son mariage, différé par sa maladie, nous vaudra quelque récompense » (l. 153-155). Une fois sa mission accomplie, on le voit disparaître de la pièce (ACTE II, SCÈNE 4).

M. Robert, Thibaut et Perrin

Ces trois personnages secondaires ne sont là que pour souligner un trait de caractère chez les autres, en particulier chez Sganarelle.

En tentant de s'interposer entre Sganarelle et Martine, pour empêcher le mari de battre la femme, M. Robert s'attire la colère des deux époux. Bien mal avisé celui qui s'ingère dans une querelle de couple !

Ce n'est pas ses oignons, les deux le lui font bien voir. Il montre l'acharnement de chacun des deux époux à vaincre l'autre, mais aussi l'impossibilité que leur querelle connaisse un gagnant.

Thibaut et Perrin ne montent sur scène que pour faire ressortir la cupidité de Sganarelle et l'ineptie de sa médecine — et donc de tous les médecins de l'époque de Molière :

> THIBAUT : Le fait est, Monsieur, que je venons vous prier de nous dire ce qu'il faut que je fassions.
> SGANARELLE : Je ne vous entends point du tout.
> PERRIN : Monsieur, ma mère est malade ; et velà deux écus que je vous apportons pour nous bailler queuque remède.
> SGANARELLE : Ah ! je vous entends, vous. Voilà un garçon qui parle clairement et qui s'explique comme il faut. (l. 869-875)

Ce médecin n'entend que le tintement des espèces sonnantes et trébuchantes. Quant au remède, n'en disons que ceci : un morceau de fromage ! Probablement celui même qu'il avait apporté comme collation avant d'aller travailler au bois le matin. Deux écus pour ce fromage, c'est une somme qui montre bien la fourberie du soi-disant médecin.

LES ACTANTS NON HUMAINS

Certains personnages jouent un rôle accessoire, comme les trois dont nous venons de parler. Certains accessoires ont un rôle central, ce sont presque des personnages, comme la bouteille, la médecine et l'argent, grâce à quoi Molière dénonce l'ivrognerie, le charlatanisme et la cupidité, trois des sujets importants de cette pièce. Voyez Sganarelle parler à sa bouteille, allant jusqu'à lui chanter un air (ACTE I, SCÈNE 5) comme il le ferait à une personne qu'il aime. Voyez-le inventer des maladies et des cures pour abuser les autres : du fromage pour la mère de Perrin, du pain mouillé de vin pour Lucinde. Voyez comme il tend la main derrière, par-dessous sa robe, tandis que Géronte ouvre sa bourse, comme s'il ne voulait pas prendre l'argent (ACTE II, SCÈNE 4). Cette tentative de dissimulation accorde en fait à l'argent une place prépondérante.

L'AMOUR ET LA MORALE

L'amour trône au centre d'innombrables œuvres de tous les temps, mais ce thème prend une valeur particulière au XVIIe siècle : c'est l'une des passions, si délicieuse soit-elle, qu'on oppose à la raison. Ce sujet suscite des débats enflammés : devant le dilemme entre raison et passion, entre honneur et amour, doit-on pencher en faveur de l'esprit ou du cœur ? Les œuvres littéraires du XVIIe siècle répondent généralement que la raison doit prévaloir. À aucun autre moment de l'histoire littéraire ne s'est-on autant ingénié à mettre des personnages devant d'impossibles choix, à analyser les répercussions psychologiques que provoquent leurs hésitations, à montrer les profondeurs de la bassesse humaine où sombrent celles et ceux qui succombent inconsidérément à leurs passions, à glorifier les héros qui parviennent, portés par un élan de sacrifice ou de renoncement surhumain, à transcender leurs bas instincts. Les œuvres l'illustrent soit en montrant le triomphe décisif de la raison, par exemple dans la morale qui clôt souvent les fables de La Fontaine, soit en peignant la déchéance de personnages dominés par leur passion, ce qui est souvent le cas dans les tragédies de Racine et même dans certaines comédies de Molière : dans *Dom Juan*, par exemple, le personnage principal, amoureux volage, voleur, menteur, fine lame autant que beau parleur, réussit à déjouer tous ses adversaires ; il finira cependant dans les feux de l'enfer où, suppose-t-on, il expiera ses fautes. Il y a de quoi rire… jaune ! L'œuvre littéraire ne vise pas qu'à plaire, elle doit aussi instruire. Et instruire, à cette époque, signifie indiquer le droit chemin, inciter au respect de la morale et de la bienséance, montrer ce qu'il faut être, ce qu'il faut faire, ce qu'il faut penser.

Voici un autre cas de conscience : les amoureux doivent-ils choisir l'amour envers et contre tous ou se conformer aux vœux des familles et cesser de se voir ? C'est le sujet de *Roméo et Juliette*, et l'on sait quel sort, dans cette tragédie de Shakespeare, connaîtront les amants provenant de familles ennemies qui ont choisi de s'aimer. Dans *Le Médecin malgré lui*, Molière expose une situation semblable : Lucinde et Léandre sont amoureux, en dépit de l'interdiction de Géronte. L'auteur aborde le sujet non sous l'angle tragique, comme Shakespeare, ou Corneille dans *Le Cid,* mais sous l'angle comique. La question à résoudre cependant reste la même : doit-on privilégier la raison ou la passion, la famille ou l'amour ? En général, les passions sont des vices, l'amour, un écueil à éviter. Mais que faire lorsque deux passions s'affrontent ou lorsque deux choix inconciliables semblent aussi raisonnables l'un que l'autre ? Le père est le maître de la famille, il semble raisonnable de respecter sa décision. Mais Lucinde n'aime pas Horace, elle devrait pouvoir épouser l'homme qu'elle aime, cela aussi est sensé. Or, Géronte veut marier sa fille à Horace parce qu'il possède plus de biens que Léandre : l'avidité étant une passion, il y a danger. Le choix de Géronte était-il raisonné ou fondé sur la convoitise ? Léandre, qui s'était dans un mouvement du cœur enfui avec Lucinde, la ramène finalement à son père : décision raisonnable, mais qui le rend misérable. Heureux retournement, il hérite d'un oncle, ce qui le rend aussi riche qu'Horace : « Monsieur, votre vertu m'est tout à fait considérable, et je vous donne ma fille avec la plus grande joie du monde » (l. 1083-1084), répond le père. Assiste-t-on au triomphe de la raison ou à celui de l'amour ? Le spectateur d'aujourd'hui n'aurait probablement pas la même réponse que celui du XVIIe siècle !

LE MARIAGE ET LES RELATIONS ENTRE HOMMES ET FEMMES

Plusieurs personnages illustrent différents stades ou états du couple, du mariage et des relations entre hommes et femmes. Lucinde et Léandre représentent les jeunes amoureux avant le mariage ; Martine et Sganarelle, un couple marié dont l'affection s'use sous les assauts des difficultés de la vie ; Géronte, un homme plutôt vieux, dont la femme n'apparaît jamais sur scène, plus père qu'époux. Quant à Jacqueline et Lucas, ils reflètent la relation simple et sans anicroche de paysans… jusqu'à l'arrivée du médecin qui suscite la jalousie du mari.

Lucinde et Léandre, c'est le couple idéal de jeunes amoureux. Comme dans les contes de fées, leur histoire se termine au moment où tout commence : « Ils se marièrent et eurent de nombreux enfants. »

Leur attachement mutuel les soutient et ils savent vaincre, l'un avec l'appui de l'autre, toutes les avanies et les vexations. Leur vie débute, tous les espoirs leur sont permis, tous leurs rêves leur semblent réalité. On suit leurs péripéties avec intérêt, on se demande si, enfin, leur amour triomphera. Nombreux sont les spectateurs qui acquiescent quand Lucinde sermonne son père : « Il n'est puissance paternelle qui me puisse obliger à me marier malgré moi » (l. 981-982). On se plaît à rêver que, dans la vie, tout devrait être aussi simple et clair.

Martine et Sganarelle sont probablement passés par là : jeunes, ils se sont aimés, ont ensemble rêvé d'une petite vie bien tranquille, d'un nid douillet où s'épanouirait leur amour. Bien de l'eau a passé sous les ponts depuis : ils ont eu quatre enfants, il s'est mis à boire, elle est devenue acariâtre. Le prince est désormais goujat, la princesse, marâtre. L'amour s'est mué en amitié, puis en habitude, enfin en hargne. Ils ne traversent une crise que pour en affronter une nouvelle. Chaque jour, l'un fait ses reproches à l'autre, et la vie continue ainsi, éternel recommencement. Quand ils entrent en scène au début de la pièce, le spectateur sent que ce n'est pas leur première querelle. Qu'on y arrive au commencement ou en plein milieu est sans importance : après deux ou trois répliques, on a compris les sempiternels reproches. Et l'on s'amuse de ce destin tragique que l'on reconnaît comme notre lot commun.

Géronte illustre un état plus avancé des relations maritales. Le fait qu'il ait en même temps une fille en âge de se marier et un bébé encore au sein indique peut-être qu'il est veuf et remarié à une femme plus jeune. En tout état de cause, il en a vu bien d'autres, et son principal souci est la sécurité. Son avenir plus ou moins derrière lui, il songe désormais à celui de sa fille. S'il n'a pas atteint l'âge où l'on contemple le tombeau, il n'en veut pas moins que son enfant puisse s'en sortir même quand il ne sera plus là pour veiller sur elle. C'est pourquoi il lui choisit un homme qui possède du bien. Nous dirons qu'il est à l'âge de s'oublier lui-même pour penser au bonheur des autres. Il ne vit plus l'amour tout court, mais l'amour paternel : pas un mot sur l'épouse, seulement sur ses deux enfants.

Jacqueline et Lucas, eux, n'ont l'air d'éprouver aucun problème de couple. Au service de Géronte, ils accomplissent leur travail avec honnêteté, simplicité, fidélité. Leurs sentiments ne sont évidemment pas exposés, ce sont des personnages relativement secondaires. Cependant, leur relation ne semble souffrir d'aucun déchirement ni tourment. Un seul aspect est développé, la jalousie de Lucas :

> **SGANARELLE :** Que je vous plains, belle nourrice, d'avoir un mari jaloux et fâcheux comme celui que vous avez !
>
> **JACQUELINE :** Que velez-vous, Monsieu ? c'est pour la pénitence de mes fautes ; et là où la chèvre est liée, il faut bian qu'alle y broute.
> (l. 904-907)

À l'instar des autres passions, la jalousie est présentée comme un vilain défaut, qui peut avoir de désastreuses répercussions sur le couple.

RÉPROBATION DES COMPORTEMENTS MAUVAIS

La comédie est le véhicule idéal pour condamner les vices. Molière est un maître en cette matière : les faux dévots, les avares, les misanthropes, les maris cocus, les précieux et les précieuses passent tous dans son moulin à malice et il en fait la satire. Les comportements « malhonnêtes » des personnages sont dépeints de manière à les rendre détestables. Au XVIIe siècle, l'« honnête homme » est celui qui favorise la raison, non la passion, qui évite les excès et la démesure, qui pratique la tempérance, la modération et la sagesse. Cependant, la jalousie de Lucas est proportionnelle à la complaisance de Jacqueline devant les compliments du fourbe Sganarelle, la rancune de Martine ne vaut pas mieux que l'arrogance de son mari, l'emportement de Lucinde est une riposte à l'entêtement de son père. Ces inconduites ont donc un côté naturel et raisonnable, car elles sont presque toutes conséquentes de comportements contraires à l'« honnêteté » au sens du XVIIe siècle. C'est un peu comme si Molière disait : il est normal que Martine et Lucas se fâchent, voyez comme Sganarelle les pousse à bout ; il est normal que Lucinde réponde avec violence à son père, voyez comme il abuse de son autorité sur elle. Mais Sganarelle bénéficie-t-il de cette excuse ? Examinons donc l'attitude dévoyée de Sganarelle.

Les premières paroles prononcées dans la pièce mettent en jeu les notions d'autorité et de liberté :

Sganarelle : [...] c'est à moi de parler et d'être le maître.
Martine : Et je te dis, moi, que je veux que tu vives à ma fantaisie [...]. (l. 1-3)

Les féministes du xxᵉ siècle n'ont rien inventé : de tout temps les femmes ont revendiqué leurs droits, du moins auprès de leur mari. En plus de faire rire en traitant des relations entre hommes et femmes, Molière fait de sa pièce une contestation de l'autorité — celle du mari sur la femme, celle du père sur les enfants —, cela ressort de manière assez évidente. Allons plus loin : Lucas, en frappant son patron, et Jacqueline, en critiquant ses décisions, s'insurgent de manière comique contre le maître qu'ils devraient respecter. Sganarelle, en exerçant sans diplôme, se moque de la médecine, et même des universités qui l'enseignent. Le premier défaut de Sganarelle est donc le rejet inconsidéré de l'autorité.

La scène 1 du premier acte prépare bien le spectateur aux défauts que l'auteur développe dans la suite de sa pièce, comme l'ivrognerie. Martine lui reproche en effet d'être un homme « qui, du matin jusqu'au soir, ne fait que jouer et que boire » (l. 37). Plus loin, dans la scène 5, le mari de Martine s'arrête de travailler pour boire un coup, parler à sa bouteille, la protéger contre le vol qu'il imagine quand Valère et Lucas l'abordent. Non seulement son ivrognerie est dépeinte comme un vice, mais elle semble la cause de tous ses problèmes. Il a toujours besoin d'argent pour boire, allant jusqu'à vendre les meubles du logis pour satisfaire son vice. On comprend bien pourquoi il saute sur l'occasion de « faire un coup d'argent » quand il constate que la pratique de la médecine peut lui rapporter gros.

En ce qui concerne la médecine, justement, Molière veut condamner le charlatanisme. Mais il ne peut y avoir de charlatan sans la naïveté des autres. Valère et Lucas cherchent si désespérément un médecin pour la fille de leur maître qu'ils croient d'emblée Martine quand elle leur décrit les miracles accomplis par le supposé médecin. Géronte se laisse berner par le costume de Sganarelle, par ses références à Aristote, par les quelques mots de latin qu'il déblatère. La nécessité les aveugle, ils sont prêts à se jeter dans les griffes du premier venu, serait-il un prédateur qui leur fera croire n'importe quoi. Les stupidités du médecin devraient leur ouvrir les yeux, au contraire ils foncent tête baissée dans le piège du charlatan qui profite de leur bêtise et de leur besoin.

Enfin, Sganarelle découvre que la médecine lui permet plus encore qu'un simple gain pécuniaire. Il peut gagner beaucoup d'argent, certes, mais il peut aussi satisfaire d'autres vices, comme la concupiscence. Heureusement, Jacqueline n'est pas aussi naïve que les autres et rejette les avances du faux médecin. Plus loin, autre preuve de son intelligence, elle se sert même de la situation pour rendre jaloux son mari... Molière en profite pour montrer l'immoralité de Sganarelle : il jouit de la facilité, certain qu'il est de gagner beaucoup en travaillant peu ; égoïste, il se préoccupe peu du sort des autres, du fait qu'il exploite plus pauvre que lui, et de la mort de ses patients.

JUGEMENTS CRITIQUES DE L'ŒUVRE

Parlant d'une représentation du *Médecin malgré lui*.

Rien au monde n'est si plaisant
Et si propre à vous faire rire :
Et je vous jure qu'à présent
Que je songe à vous écrire
Le souvenir fait (sans le voir)
Que je ris de tout mon pouvoir.
Molière, dit-on, ne l'appelle
Qu'une petite bagatelle :
Mais cette bagatelle est d'un esprit si fin
Qu'il faut que je vous die :
L'estime qu'on en fait est une maladie
Qui fait que dans Paris tout court au *Médecin*.

Adrien Thomas Perdou de Subligny (1639-1696), auteur de pièces et de critiques
sur le théâtre de son temps, dans *La Muse Dauphine*, cité par P.-A. Touchard
dans *Théâtre de Monsieur Molière*, Édition complète en quatre volumes,
Paris, Club des libraires de France, 1958, vol. 3, p. 653.

[Imaginant l'état d'esprit de Molière au moment d'écrire *Le Médecin malgré lui*, Brisson le voit] flânant parmi ses livres, ses manuscrits et ses souvenirs, il a repêché au fond d'un tiroir une vieille farce : *Le Fagotier*, petite pochade provinciale encore offerte, certains soirs, au public. Il l'a jetée sur la table, il a palpé les feuillets d'une main distraite : « C'est cela qui les amuse, cette gaieté-là qu'ils réclament... » Il a parcouru les premières lignes, puis il s'est remis à relire vraiment ; et le mécanisme a joué. Des insuffisances lui sautent aux yeux, des développements lui viennent à l'esprit. Il se remet à écrire, et sa plume court d'elle-même. Après l'effort versificateur du *Misanthrope*, ce dialogue tout coulant, cette verve à plein bord le rafraîchissent. On trouve là vraiment l'acteur-auteur, l'homme de théâtre à l'état pur dans l'effervescence et la facilité professionnelles. C'est gros, c'est franc, c'est sans arrière-pensée, c'est le métier d'amuseur de tréteaux qui s'amuse parce qu'il sait comment amuser.

Pierre Brisson, *Molière, sa vie dans ses œuvres*, Paris,
Gallimard, 1942 (Montréal, 1943), p. 181-182.

[Sganarelle, qu'on a vu dans d'autres pièces de Molière,] est maintenant un paysan, qui garde de ses origines un bon sens terre à terre et l'habileté de plier devant plus fort que soi. Il est plein d'esprit, avec le goût des discours, des citations impressionnantes, une éloquence naturelle et une assurance remarquable. Au reste peu moral — ivrogne, cupide, paillard — mais avec une franchise, une sorte de cynisme gai [...].

Pierre Voltz, La Comédie, Paris, Armand Colin,
coll. « U Lettres Françaises », 1964, p. 83.

Une pièce bien charpentée, une intrigue à rebondissements, qui offre un minimum de vraisemblance, un comique verbal étincelant où la finesse s'allie au gros rire, un mouvement vif, l'indication de jeux de scène multiples, dans lesquels l'excellent comédien qu'était Molière devait faire merveille, et enfin des personnages qui dépassent largement la stade de la marionnette. [...] [Sganarelle] est un paysan de France, comme Molière en a beaucoup rencontré dans ses pérégrinations provinciales, où il a minutieusement observé, en même temps que le menu peuple, les représentants de la noblesse campagnarde.

George Mongrédien, Molière, œuvres complètes, Paris,
GF Flammarion, 1965, tome 3, p. 92.

[...] l'auteur du *Médecin malgré lui* suivait le goût du public, « juge absolu de ces sortes d'ouvrages ». « Lorsqu'on attaque une pièce qui a eu du succès, déclare sous son propre nom l'auteur de *L'Impromptu de Versailles* (scène 5), n'est-ce pas plutôt attaquer le jugement de ceux qui l'ont approuvée plutôt que l'art de celui qui l'a faite ? » Porte-parole de Molière dans *La Critique de l'école des femmes,* Dorante avait déjà demandé (scène 6) : « Je voudrais bien savoir si la grande règle de toutes les règles n'est pas de plaire, et si une pièce de théâtre qui a attrapé son but n'a pas suivi un bon chemin. » Seulement voilà, à qui faut-il plaire ? Il y a toutes sortes de gens parmi le public.

Fernand Angué, Molière. Le Médecin malgré lui. Le Médecin volant, Paris,
Bordas, coll. « Univers des lettres » n° 214, 1972, p. 102.

MOLIÈRE.
GRAVURE DE LOUIS-PIERRE HENRIQUEL-DUPONT (1797-1892),
D'APRÈS UN DESSIN DE JEAN AUGUSTE DOMINIQUE INGRES (1780-1867).

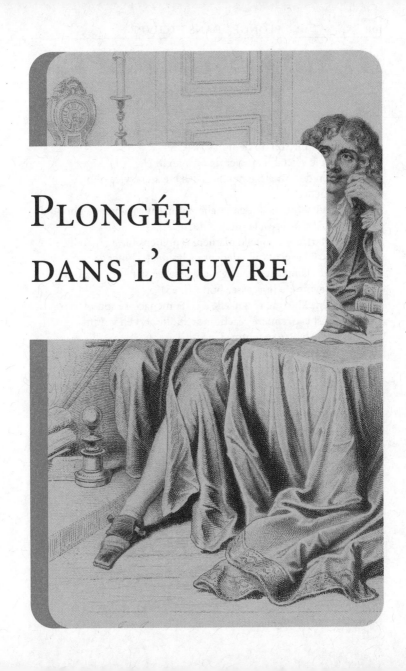

PLONGÉE
DANS L'ŒUVRE

QUESTIONS SUR L'ŒUVRE

ACTE I

Compréhension

1. Quel philosophe affirme, aux dires de Sganarelle, qu'« une femme est pire qu'un démon » (l. 6) ?

2. Quel est le véritable métier de Sganarelle ?

3. Combien de temps Sganarelle a-t-il été au service d'un grand médecin ?

4. Quels agissements de Sganarelle réduisent Martine « à l'hôpital » (l. 28), c'est-à-dire à la mendicité ?

5. Selon Martine, de quelle manière répréhensible Sganarelle trouve-t-il l'argent qu'il dépense à boire et à jouer ?

6. Expliquez la menace que Sganarelle fait à sa femme quand il déclare avoir « le bras assez bon » (l. 55) ?

7. Comment Martine réagit-elle à cette menace de son mari ?

8. Quelle est la première réaction de M. Robert en voyant Sganarelle battre sa femme ?

9. Au moment où M. Robert prend la défense de Martine, quelle phrase surprenante prononce-t-elle ?

10. Voyant que Martine se tourne contre lui bien qu'il ait tenté de s'interposer entre elle et son mari, quelle proposition M. Robert fait-il à Sganarelle ?

11. À qui Sganarelle attribue-t-il le proverbe suivant, déformé par ses soins : « entre l'arbre et le doigt il ne faut point mettre l'écorce » (l. 116-117) ?

12. Après le départ de M. Robert, Sganarelle change d'attitude envers sa femme : que propose-t-il à Martine ?

13. Sganarelle va jusqu'à trouver un bon côté à la bastonnade : quel est-il ?

14. Quant à Martine, que se promet-elle de faire, malgré la paix censément conclue entre elle et son mari ?

15. Valère nous informe que la fille de son maître a deux prétendants. Quels sont leurs noms ?

16. Pourquoi Martine n'a-t-elle pas aperçu Valère et Lucas, au point de les heurter en marchant ?

17. Valère et Lucas ont été chargés par leur maître d'une commission : que doivent-ils trouver ?
18. Quel évènement est retardé par la maladie de Lucinde ?
19. De quelle maladie souffre la fille de leur maître ?
20. D'après Martine, où Valère et Lucas trouveront-ils Sganarelle et que fait-il là-bas ?
21. Par quel moyen peut-on obliger Sganarelle à avouer qu'il est médecin, toujours d'après Martine ?
22. Résumez la guérison de la femme que, selon Martine, Sganarelle aurait sauvée.
23. Sous quel nom Valère désigne-t-il le médicament miraculeux de Sganarelle qui aurait guéri cette femme ?
24. Racontez la guérison de l'enfant de 12 ans que Sganarelle aurait soigné.
25. Qu'est-ce que Sganarelle est en train de faire, après avoir coupé du bois, au moment de sa première rencontre avec Valère et Lucas ?
26. Que fait Sganarelle de sa bouteille quand il aperçoit les deux hommes ?
27. Que répond-il lorsqu'ils lui demandent si c'est bien lui qui se nomme Sganarelle ?
28. Quand les deux hommes lui disent avoir besoin de ses services, de quoi Sganarelle croit-il qu'il est question ?
29. Quel prix Sganarelle demande-t-il pour ses fagots ?
30. Quelle information donnée par Valère convainc finalement Sganarelle d'accepter de jouer le rôle de médecin ?
31. Que répond Sganarelle quand Valère l'informe que la malade qu'il doit soigner « a perdu la parole » (l. 405) ?
32. Juste avant de partir pour aller voir la malade, Sganarelle tend sa bouteille à Valère et lui dit qu'elle contient… quoi ?

Style

1. Quel adjectif Martine utilise-t-elle pour qualifier Aristote ? Quel effet produit son emploi ?
2. Entre les lignes 1 et 26, relevez les mots qui font allusion au savoir, à la connaissance, à l'érudition. Que déduisez-vous de l'emploi de ces termes ?

3. Que révèle le lexique de la maisonnée et du quotidien entre les lignes 27 et 46?

4. Quelles périphrases emploient respectivement Martine et Sganarelle pour parler de leur mariage? Comment révèlent-elles leur opinion sur ce sujet?

5. Dans le dialogue du couple sur son appauvrissement (l. 27-46), quels moyens stylistiques Sganarelle emploie-t-il pour tenter de retourner la situation en sa faveur?

6. Entre les lignes 54 et 71, le vocabulaire et l'attitude de Sganarelle semblent tout à fait opposés à ceux de Martine; relevez les termes opposés employés par chacun et expliquez-en l'effet.

7. Dans la SCÈNE 1, les changements de pronoms sont remarquables, en particulier entre les lignes 25 et 74. Analysez-en l'impact dans le dialogue entre Martine et Sganarelle.

8. Dans la SCÈNE 1, relevez les termes employés par Sganarelle pour désigner sa femme et ceux prononcés par Martine pour qualifier son mari. Qu'en déduisez-vous?

9. Les premiers mots de M. Robert montrent qu'il tente d'empêcher Sganarelle de battre Martine; par la suite, entre les lignes 79 et 114, il agit de façon contraire. Décrivez son changement d'attitude et relevez le vocabulaire qu'il emploie.

10. Cherchez dans le dictionnaire les significations du mot «bagatelle» (l. 131). Quel sens convient le mieux à la situation? À la lumière des autres sens et après avoir bien observé les lignes 118 à 135, peut-on y voir une connotation?

11. En quoi la SCÈNE 1 contrevient-elle aux conventions du classicisme et aux règles de bienséance de cette époque?

12. On peut diviser la SCÈNE 2 en deux mouvements distincts ou séquences. Donnez un titre à chacune des deux parties et précisez la ligne et la phrase qui marquent cette coupure nette.

13. Dès leur apparition, on constate que Valère et Lucas appartiennent à des milieux différents, d'après leur manière de s'exprimer. Caractérisez le langage de chacun en examinant les lignes 149 à 165 et donnez quelques exemples pour chacun.

14. Quand Valère explique à Martine ce que lui et Lucas recherchent (l. 172-182), il emploie plusieurs répétitions et redondances. Relevez ces termes et expliquez ce qu'ils révèlent sur l'attitude de Valère.

15. Quelles particularités, décrites par Martine (l. 183-213), font que Sganarelle n'a pas l'air du médecin qu'il est censé être en réalité ?

16. Quel rôle joue la chanson de Sganarelle (l. 247-254) pour nous faire comprendre le caractère du personnage ? Relevez les éléments stylistiques qui mettent cela en évidence.

17. Aux premiers instants de sa rencontre avec Valère et Lucas, Sganarelle se montre plutôt méfiant, puis il devient très courtois envers les deux hommes. Sans tenir compte des didascalies, relevez les paroles de Sganarelle qui prouvent sa méfiance, puis sa courtoisie (l. 265-296).

18. Par quelles techniques Molière entretient-il l'ambiguïté entre Valère et Lucas, d'une part, et Sganarelle, d'autre part, sur le métier de ce dernier, entre les lignes 297 et 329 ?

p. 7-14 | EXTRAIT 1

ACTE I, SCÈNES 1 ET 2

Sujet d'analyse

1. En tenant compte aussi bien des idées que du style, décrivez la conception du mariage et des relations de couple selon Martine et Sganarelle, dans les SCÈNES 1 et 2 du premier acte.

Débat

1. De nos jours, en quoi les relations entre hommes et femmes sont-elles semblables à ce que décrit Molière ? Formez deux équipes, l'une cherchant à montrer que la situation exposée par Molière correspond toujours, pour une bonne part, à celle d'aujourd'hui, l'autre prétendant que les choses ont évolué, que ce genre de conflit n'existe plus, ou à peu près plus. Dans les deux cas, étoffez votre argumentation d'exemples tirés de vos expériences personnelles, de votre milieu familial ou d'informations parues dans les médias.

ACTE II

Compréhension

1. Jacqueline doute de la capacité des médecins à soigner la fille de Géronte. Selon elle, qu'est-ce qui pourrait guérir Lucinde ?

2. De l'avis de Jacqueline, pourquoi Lucinde a-t-elle refusé le mariage proposé par son père ?

3. Pourquoi Géronte a-t-il refusé de marier sa fille à Léandre ?

4. Même quand Jacqueline affirme que Léandre est l'héritier d'un oncle riche, Géronte continue de refuser de lui donner sa fille en mariage. Résumez en une phrase ou deux les arguments de Géronte sur lesquels s'appuie son refus persistant.

5. Qu'est-il arrivé à Simonette, que son père a forcée d'épouser le gros Thomas plutôt que le jeune Robin ?

6. De quelle manière insolite se comporte Lucas en grondant Jacqueline, après que celle-ci a raconté l'histoire de Simonette et du gros Thomas ?

7. Selon Sganarelle, pourquoi Géronte et lui doivent-ils mettre leur chapeau?

8. Quand Géronte affirme ne pas être médecin, quelle est la réaction comique de Sganarelle à son endroit? Pourquoi réagit-il ainsi?

9. Géronte explique à Sganarelle que sa fille « est tombée dans une étrange maladie » (l. 518-519). Dans une réponse qui a l'air polie, le « médecin » commet une maladresse risible : résumez et expliquez celle-ci.

10. Quelle réflexion bizarre fait Sganarelle quand Géronte lui dit comment se nomme sa fille?

11. Comment réagit Sganarelle quand il aperçoit Jacqueline?

12. Expliquez comment la fille de Géronte répond au médecin qui lui demande quel est le mal qu'elle sent.

13. Selon Géronte, de quelle maladie souffre Lucinde et quel inconvénient cette maladie a-t-elle provoqué?

14. Expliquez pourquoi Sganarelle trouve sot le futur mari qui voudrait voir sa promise guérie de cette maladie.

15. Sganarelle prend le pouls de sa patiente et proclame de quoi elle souffre. Décrivez la réaction de Géronte et de Jacqueline à cette annonce.

16. Quel sens Sganarelle donne-t-il à l'expression « grand homme » (l. 652) pour désigner Aristote?

17. Quand il apprend que Géronte ne comprend pas le latin, que fait Sganarelle?

18. Quelle erreur commet Sganarelle en parlant de la place du foie et du cœur? Quelle explication donne-t-il à Géronte quand ce dernier relève son erreur?

19. Quel remède Sganarelle recommande-t-il pour soigner la fille de Géronte? Quelle preuve donne-t-il de son efficacité?

20. Que répond Sganarelle quand Géronte lui dit ne pas comprendre pourquoi il faudrait se faire saigner quand ce n'est pas nécessaire?

21. Que dit Jacqueline quand Sganarelle veut pratiquer sur elle « quelque petite saignée amiable » et lui « donner quelque petit clystère dulcifiant » (l. 721-722)?

22. Après voir « soigné » sa fille, Sganarelle s'apprête à quitter Géronte, mais ce dernier retient le médecin : pourquoi ?

23. Expliquez la réaction de Sganarelle quand Géronte veut le payer.

24. Après avoir pris congé de Géronte, quelle est la première chose que fait Sganarelle dès que Léandre vient lui parler ?

25. Que demande Léandre à Sganarelle ?

26. Quelle est la première réaction de Sganarelle quand Léandre lui demande de l'aide ? Qu'est-ce qui fait que Sganarelle change d'avis ?

27. Qu'est-ce que Léandre révèle à Sganarelle au sujet de la maladie de Lucinde ?

Style

1. Quand Valère et Lucas décrivent Sganarelle à leur maître, Géronte (l. 415-430), ils vantent tous deux ses mérites tout en faisant ressortir certains aspects négatifs. Cependant, ils n'usent pas des mêmes procédés stylistiques. Après avoir examiné leur discours, outre le fait que l'un s'exprime dans un français correct et que l'autre emploie un langage populaire, précisez quels procédés chacun privilégie.

2. Trouvez les termes et expressions liés à l'idée de parole aux lignes 439 à 478. Que peut-on déduire de ce champ lexical ?

3. À deux reprises, aux lignes 414 et 423, Lucas présente Sganarelle comme un peu « bouffon ». Dans les premières lignes de la SCÈNE 2 (l. 483 à 524), dressez le champ lexical de la bouffonnerie et faites la liste des comportements bouffons de Sganarelle.

4. Décrivez l'effet comique provoqué par l'expression prononcée par Géronte : « je suis votre serviteur » (l. 512). Cette expression est reprise plus loin par Lucas (l. 576) et par Jacqueline (l. 902). Peut-on dire que la nuance de sens est identique dans les trois cas ?

5. Expliquez le malentendu autour du mot « ordonnance » à la ligne 591.

6. Relevez le vocabulaire médical employé dans la SCÈNE 4 et classez-le en sous-champs lexicaux appropriés.

7. Établissez la liste des actes et gestes médicaux crédibles de Sganarelle dans la SCÈNE 4. Par la suite, expliquez ce qui les rend plausibles.

8. Faites la liste des bouffonneries médicales de Sganarelle dans la SCÈNE 4.

9. Dressez le champ lexical du langage aux lignes 601 à 691.

10. Dressez le champ lexical du savoir aux lignes 601 à 691.

11. Que révèle la répétition du mot « peccantes » (l. 658-659) ?

12. Lucas ne prononce que deux répliques dans toute la SCÈNE 4 (l. 672 et 691). Étudiez-les et dites comment elles éclairent la situation. Quels procédés stylistiques révèlent sa pensée ? Pourquoi Lucas agit-il ainsi ?

13. À la lumière de votre réponse à la question précédente, interprétez le sens des deux répliques voisines de Jacqueline (l. 671 et 690). Recourt-elle aux mêmes procédés ?

14. Cherchez dans le dictionnaire les sens du nom « saignée » (l. 721) et du verbe « saigner » (l. 724). Peut-on voir une connotation lorsque Sganarelle emploie ces mots ? Expliquez votre réponse.

15. Dans l'échange entre Sganarelle et Géronte à la fin de la SCÈNE 4 (l. 731-753), relevez les procédés stylistiques. Attardez-vous entres autres au vocabulaire, au sens des mots, aux types de phrases, etc.

16. Léandre se présente à Sganarelle comme « amoureux de Lucinde » (l. 764), alors que Molière emploie le mot « amant » dans la présentation des personnages (p. 6). Voyez-vous une nuance de sens entre ces deux mots ? Expliquez votre réponse.

17. Léandre provoque la colère de Sganarelle (l. 770-780). Dressez la liste de vos observations sur les éléments stylistiques dans cette séquence. Juste après (l. 782-786), la colère de Sganarelle disparaît soudain ; les éléments stylistiques sont-ils les mêmes que dans la séquence précédente ?

18. À la fin de l'ACTE II, exposez l'ironie dans la dernière réplique de Sganarelle (l. 798-800).

p. 37-44 | **EXTRAIT 2**

ACTE II, SCÈNE 4

Sujet d'analyse

1. Analysez la consultation médicale donnée par Sganarelle en faisant ressortir les aspects vraisemblables aussi bien que burlesques. Attardez-vous aux interactions entre les personnages de même qu'aux aspects médicaux (diagnostic, remède, etc.).

Débat

1. Ces dernières années, on a entendu, dans les médias, beaucoup de critiques sur le système de santé. En réaction à la difficulté d'accès aux soins médicaux, bien des gens recherchent des solutions de remplacement du côté des médecines traditionnelles, naturelles ou dites «alternatives», par exemple l'acupuncture, la réflexologie, l'homéopathie, les «ramancheurs», même l'alimentation biologique et les suppléments vitaminiques.

   Connaissez-vous des personnes qui ont recours à ces types de traitement? Obtiennent-elles des résultats? Vous-même, y auriez-vous recours? Auriez-vous confiance en ces thérapeutes? Auriez-vous peur des fraudeurs et des charlatans? Expliquez votre point de vue sur la question.

ACTE III

Compréhension

1. Quel déguisement porte Léandre? Nommez deux éléments qui empêcheront Géronte de le reconnaître.

2. Outre son nouvel habit, que souhaiterait Léandre «pour parer [son] discours et [lui] donner l'air d'habile homme» (l. 806-807)?

3. En quelle année scolaire Sganarelle a-t-il abandonné les études?

4. Résumez les cinq arguments de Sganarelle selon qui la médecine «est le métier le meilleur de tous» (l. 824-825).

5. Quel est le nom des deux hommes qui viennent consulter Sganarelle au sujet d'une femme malade? Quel lien de parenté unit ces trois personnages?

6. Quel est le nom de la femme malade au sujet de qui ces deux hommes viennent consulter Sganarelle?

7. Depuis combien de temps cette femme est-elle malade?

8. Relevez les symptômes de la maladie de cette femme aux lignes 849 à 866 et 874 à 878. Expliquez brièvement si sa condition paraît grave ou non.

9. Cherchez le mot « hydropisie » (l. 876) dans le dictionnaire et vérifiez si les symptômes correspondent à ceux dépeints par Molière.

10. Sganarelle dit ne pas comprendre le premier des deux hommes qui décrit la maladie de la femme, mais très bien le deuxième. Que fait le deuxième homme pour que Sganarelle le saisisse si bien?

11. Quelle somme reçoit Sganarelle pour la consultation au sujet de cette femme?

12. Quel remède Sganarelle remet-il aux deux hommes pour guérir la malade? Quelles « choses précieuses » (l. 889) entrent dans sa composition?

13. Apercevant la nourrice, Sganarelle s'exclame que quelque chose lui donnerait « toutes les joies du monde » (l. 900). De quoi s'agit-il? Précisez pourquoi cela le rendrait heureux.

14. Pourquoi Sganarelle et Jacqueline s'éloignent-ils l'un de l'autre à la fin de la SCÈNE 3? Quel sentiment éprouvent-ils vraisemblablement au moment où chacun s'en va de son côté? Expliquez brièvement.

15. Géronte informe le médecin que sa fille se porte plus mal depuis qu'elle prend le remède. Comment Sganarelle réagit-il à cette annonce?

16. Quand la fille de Géronte s'approche d'eux, qu'est-ce que le médecin demande à l'apothicaire de faire?

17. Résumez la « grande et subtile question » (l. 953) dont le médecin veut discuter avec Géronte pour l'empêcher de voir ce que font sa fille et l'apothicaire.

18. Ayant retrouvé la parole, que dit Lucinde à son père?

19. Devant le flot de paroles de sa fille, que demande Géronte au médecin?

20. Quel remède Sganarelle propose-t-il à Géronte après le discours de Lucinde?

21. Comment a réagi Géronte dès qu'il a su sa fille « affolée de ce Léandre » (l. 1027)?

22. Comment Sganarelle explique-t-il l'affolement de Lucinde pour Léandre?

23. Qui annonce à Géronte la fuite de Lucinde et de Léandre? Quelles autres révélations fait-il du même coup?

24. Quelle punition risque Sganarelle? Quelle punition préférerait-il recevoir?

25. Qu'espère Léandre en ramenant Lucinde à son père? Quel puissant argument lui permet de le convaincre?

26. Dans les dernières lignes de la pièce, Martine aimerait bien que Sganarelle la remercie («rends-moi grâce», l. 1086). De quoi veut-elle être remerciée? Au contraire, qu'a retenu Sganarelle de cette expérience?

27. Que doit craindre Martine à l'avenir, selon son mari?

Style

1. Léandre n'a pas l'air tout à fait rassuré d'affronter Géronte déguisé en apothicaire. Quels éléments de style et de vocabulaire nous le font savoir (l. 801-807)?

2. Après avoir relu les lignes 815 à 834, montrez que Sganarelle est un fourbe attiré par l'argent et non un «honnête homme». En comparaison, Léandre vous semble-t-il correspondre à l'idéal de l'«honnête homme»[1] au sens du XVIIᵉ siècle?

3. Cherchez dans le dictionnaire les significations du mot «maîtresse» (l. 839). Quel est le seul sens qui s'applique ici et pourquoi?

4. Que veut dire Thibaut quand il demande au médecin «quelque petite drôlerie pour la garir» (l. 846-847)? Quel effet produit le mot «drôlerie»? Quel lien faites-vous avec d'autres extraits de la pièce?

5. Comparez les mots employés par Thibaut pour parler de la maladie de sa femme (l. 843-866) à ceux employés par

---

1. Consulter la « Présentation de l'œuvre », chapitre « Réprobation des comportements mauvais », p. 101.

Sganarelle (l. 874 à 878). Expliquez brièvement le lien (stylistique et comique) entre les termes déformés et corrects.

6. Repérez et expliquez la métaphore employée par Sganarelle pour désigner la nourrice (l. 894-896).

7. Que veut dire Jacqueline par la phrase « là où la chèvre est liée, il faut bian qu'alle y broute » (l. 907) ? Trouvez au moins cinq expressions ou dictons employés aujourd'hui qui signifient la même chose.

8. Énumérez les défauts attribués à Lucas entre les lignes 904 et 919. Lucas mérite-t-il ces qualificatifs ? Précisez votre pensée.

9. Quelle est la figure de style contenue dans l'expression suivante : « expulser le superflu de la boisson » (l. 934-935) ?

10. En vous référant à d'autres paroles de Sganarelle dans les SCÈNES 1 et 2 du présent acte, expliquez ce que Sganarelle entend par « agonie » (l. 940).

11. Aux lignes 953 à 961, qu'est-ce qui donne un air stupide au jugement de Sganarelle sur la façon de soigner les femmes ?

12. Décrivez les procédés stylistiques (l. 962-1000) qui renforcent l'effet de la colère de Lucinde.

13. Comparez l'attitude de Géronte après la première réplique (l. 964-966) et après la colère de Lucinde (l. 994-1005). Quels procédés stylistiques renforcent l'effet de contraste entre ces deux extraits ?

14. Dressez la liste des mots appartenant au domaine médical aux lignes 1006 à 1020. Quels termes nouveaux (jamais employés auparavant) y figurent ? Comment les interprétez-vous ?

15. Cherchez dans le dictionnaire les divers sens du mot « chaleur » (l. 1028) et expliquez ce qu'il signifie dans le présent contexte. Trouvez des synonymes de chaleur, ou liés à l'idée de chaleur, qui comportent la même signification (champ sémantique).

16. Aux lignes 1026 à 1046, Sganarelle semble approuver, voire appuyer, le comportement de Géronte envers sa fille. Quels procédés littéraires observez-vous dans cette séquence ? Quelle ressemblance observez-vous entre cet extrait et celui où Lucinde est en colère (l. 962-1000) ?

17. Dans la SCÈNE 8, quelles observations pouvez-vous faire au sujet des phrases et de la ponctuation? Quel rôle jouent les jurons dans ce passage?

18. Expliquez la joie de Lucas à la fin de cette scène.

19. Peut-on dire que, dans la SCÈNE 9, la peine de Martine est sincère? Pour justifier votre réponse, étayez-la de remarques sur le vocabulaire, les phrases et la ponctuation.

20. Quel procédé est employé dans la phrase suivante: « La médecine l'a échappé belle » (l. 1085)?

21. Dans les SCÈNES 8, 9 et 10, relevez le champ lexical de l'honneur.

| p. 56-59 | **EXTRAIT 3** |

ACTE III, SCÈNES 6 ET 7

Sujet d'analyse

1. Étudiez la relation de Lucinde avec son père, en particulier dans les SCÈNES 6 et 7 de l'ACTE III. Quels sont les sujets de dissension entre ces deux personnages et quelle est l'argumentation de chacun? Quels moyens stylistiques participent à la transmission de messages de l'un à l'autre? Que révèlent sur la dispute les informations transmises aux autres personnages ou par les autres personnages dans cet extrait?

Débat

1. Baby-boomers, générations X et Y… Les différences entre générations semblent inévitables, engendrant nécessairement des conflits. Que pensez-vous de la dispute entre Lucinde et son père? Un tel conflit pourrait-il se produire de nos jours? Avez-vous des sujets récurrents de discorde avec vos parents? Mettez-vous à la place de vos parents et faites la liste de leurs arguments. En demeurant neutre et objectif, faites la liste des arguments que vous pourriez invoquer afin de mettre fin à la discorde.

ANNEXES

TABLEAU CHRONOLOGIQUE	
ÉVÉNEMENTS HISTORIQUES EN FRANCE	VIE ET ŒUVRE DE MOLIÈRE
1601 Naissance de Louis XIII (mort en 1643).	
1606	
1608	
1610 Assassinat d'Henri IV (roi depuis 1589). Régence de Marie de Médicis (mère de Louis XIII) jusqu'en 1617.	
1615 Mariage de Louis XIII avec Anne d'Autriche (morte en 1666). Union sans bonheur, leur premier enfant ne naîtra que 23 ans plus ans plus tard.	
1616	
1617 Règne personnel de Louis XIII.	
1618	
1621	
1622	Naissance à Paris de Jean-Baptiste Poquelin, plus tard connu sous le pseudonyme de Molière.
1623	
1624 Richelieu ministre (mort en 1642).	
1626	
1627	
1628	
1631	Jean Poquelin, père de Molière, devient tapissier du roi.
1632	Mort de sa mère.

TABLEAU CHRONOLOGIQUE		
ÉVÈNEMENTS CULTURELS ET LITTÉRAIRES EN FRANCE	**ÉVÈNEMENTS CULTURELS ET LITTÉRAIRES HORS FRANCE**	
		1601
Naissance de Corneille (mort en 1684).	Shakespeare, *Le Roi Lear, Antoine et Cléopâtre*.	1606
	Fondation de Québec.	1608
	Cervantès, *Don Quichotte*.	1610
		1615
	Mort de Shakespeare.	1616
		1617
	Début de la guerre de Trente Ans.	1618
Naissance de La Fontaine (mort en 1695).		1621
		1622
Naissance de Pascal (mort en 1662).	Publication du *Théâtre complet* de Shakespeare.	1623 1624
Naissance de Mme de Sévigné (morte en 1696). L'université de la Sorbonne (fondée en 1257) est reconstruite, jusqu'en 1642.		1626
Naissance de Bossuet (mort en 1704).		1627
Naissance de Perrault (mort en 1703).		1628
		1631
Naissance de Lully (mort en 1687).		1632

	TABLEAU CHRONOLOGIQUE	
	ÉVÈNEMENTS HISTORIQUES EN FRANCE	**VIE ET ŒUVRE DE MOLIÈRE**
1634		
1635	Intervention de la France dans la guerre de Trente Ans (déclaration de guerre à l'Espagne).	Il étudie chez les Jésuites jusqu'en 1639.
1636		
1637		Il reprend de son père la charge de tapissier du roi.
1638	Naissance de Louis XIV (mort en 1715).	
1639		
1640		Il fait des études de droit.
1642		
1643	Mort de Louis XIII. Régence d'Anne d'Autriche (mère de Louis XIV, qui a 5 ans). Mazarin ministre (mort en 1661).	Il renonce au métier de tapissier et fonde l'Illustre-Théâtre avec Madeleine Béjart.
1644		Il adopte le pseudonyme de Molière.
1645		Faillite de l'Illustre-Théâtre. Tournées en province jusqu'en 1658.
1647		
1648	Début de la Fronde (révolte contre l'autorité royale), qui durera jusqu'en 1652. Plusieurs théâtres doivent fermer.	
1653	Fouquet nommé intendant des Finances.	Molière et sa troupe entrent au service du prince de Conti.
1654	Sacre de Louis XIV à Reims.	

TABLEAU CHRONOLOGIQUE		
ÉVÈNEMENTS CULTURELS ET LITTÉRAIRES EN FRANCE	**ÉVÈNEMENTS CULTURELS ET LITTÉRAIRES HORS FRANCE**	
Naissance de Mme de La Fayette (morte en 1693).	Jean Nicolet amorce ses explorations de l'intérieur des terres au Canada.	1634
Fondation de l'Académie française.		1635
Naissance de Boileau (mort en 1711). Corneille, *Le Cid*.	Fondation de l'université Harvard, près de Boston (actuels États-Unis).	1636
La publication du *Cid* déclenche une querelle sur le théâtre et sur cette pièce à l'Académie. Descartes, *Discours de la méthode*.	Italie : fondation de l'opéra de Venise, premier théâtre conçu pour ce genre lyrique.	1637
		1638
Naissance de Racine (mort en 1699).		1639 1640
Corneille, *Polyeucte*.	Fondation de Ville-Marie (Montréal). Italie : mort de Galilée, assigné à résidence depuis 1633 pour avoir écrit que la Terre tourne autour du Soleil.	1642
		1643
		1644
Naissance de La Bruyère (mort en 1696).		1645
Vaugelas, *Remarques sur la langue française* (1re grammaire).		1647
	Fin de la guerre de Trente Ans. Angleterre : Charles Ier condamné à mort, Cromwell fait du pays une république jusqu'en 1658.	1648
		1653
		1654

TABLEAU CHRONOLOGIQUE	
ÉVÈNEMENTS HISTORIQUES EN FRANCE	**VIE ET ŒUVRE DE MOLIÈRE**
1655	*L'Étourdi ou les Contretemps*, 1re pièce de Molière dont on connaisse la date de présentation. Il a écrit au moins deux pièces auparavant: *La Jalousie du barbouillé* et *Le Médecin volant*.
1656	*Le Dépit amoureux.* Conti, devenu très croyant, retire sa protection à la troupe de Molière.
1658	Molière est présenté au roi, qui lui accorde le théâtre du Petit-Bourbon.
1659 Paix des Pyrénées, entre la France et l'Espagne.	*Les Précieuses ridicules.*
1660 Mariage de Louis XIV avec Marie-Thérèse d'Autriche (morte en 1683), infante d'Espagne.	*Sganarelle ou le Cocu imaginaire.* La troupe de Molière déménage dans la salle du Palais-Royal.
1661 À la mort de Mazarin, Louis XIV assure lui-même le pouvoir. Arrestation de Fouquet.	*Dom Garcie de Navarre* (février), *L'École des maris* (juin) et *Les Fâcheux* (août).
1662 Colbert (mort en 1683) devient le principal ministre.	Mariage avec Armande Béjart; il a 40 ans, elle 19. *L'École des femmes.*
1663	*L'École des femmes* déclenche une querelle qui durera deux ans. Molière rétorque: *La Critique de l'École des femmes* (juillet) et *L'Impromptu de Versailles* (octobre).
1664 Condamnation de Fouquet. Louis XIV veut faire de la foi catholique la seule religion du royaume: début des persécutions contre les jansénistes.	*Le Mariage forcé* (janvier), *La Princesse d'Élide* (mai) et *Le Tartuffe ou l'Imposteur* (1re version; le roi interdit qu'on joue la pièce).
1665	*Dom Juan* (février) et *L'Amour médecin* (septembre). Molière se brouille avec Racine; s'installe une rivalité aussi bien entre les deux hommes qu'entre les troupes de théâtre.
1666	*Le Misanthrope* (juin), *Le Médecin malgré lui* (août) et *Mélicerte* (décembre). Molière et Armande Béjart se séparent.

TABLEAU CHRONOLOGIQUE		
ÉVÈNEMENTS CULTURELS ET LITTÉRAIRES EN FRANCE	**ÉVÈNEMENTS CULTURELS ET LITTÉRAIRES HORS FRANCE**	
		1655
Pascal, *Les Provinciales*.		1656
		1658 1659
		1660
Lully, surintendant de la musique à la cour.		1661
		1662
		1663
Huit années durant, Lully collabore avec Molière, surtout à la création de musique et de ballets pour ses pièces.		1664
La Rochefoucauld, *Maximes*. Racine, *Alexandre*.		1665
	Angleterre : grand incendie de Londres. Amérique : arrivée en Nouvelle-France du père Marquette, explorateur, avec Louis Joliet, des Grands Lacs et du Mississippi (revendication des terres au nom de la France).	1666

TABLEAU CHRONOLOGIQUE		
	ÉVÈNEMENTS HISTORIQUES EN FRANCE	VIE ET ŒUVRE DE MOLIÈRE
1667		*Pastorale comique* (janvier), *Le Sicilien* (février) et *Le Tartuffe* (2ᵉ version, de nouveau interdite). En réponse à la rivalité de Racine, Molière se lie avec Corneille. La comédienne Du Parc quitte la troupe de Molière et rejoint Racine au théâtre de l'Hôtel de Bourgogne.
1668		*Amphitryon* (janvier), *George Dandin* (juillet) et *L'Avare* (septembre). Mort mystérieuse de la Du Parc.
1669		*Le Tartuffe* (février, 3ᵉ version ; le roi autorise les représentations, succès considérable), *Monsieur de Pourceaugnac* (octobre).
1670		*Les Amants magnifiques* (février) et *Le Bourgeois gentilhomme* (octobre).
1671		*Psyché* (janvier), *Les Fourberies de Scapin* (mai) et *La Comtesse d'Escarbagnas* (décembre).
1672		*Les Femmes savantes*.
1673		*Le Malade imaginaire*. Mort de Molière, à la 4ᵉ représentation (17 février).
1674		
1677		
	Apogée du règne de Louis XIV.	
1678		
1680		

TABLEAU CHRONOLOGIQUE		
ÉVÈNEMENTS CULTURELS ET LITTÉRAIRES EN FRANCE	ÉVÈNEMENTS CULTURELS ET LITTÉRAIRES HORS FRANCE	
Racine, *Andromaque*.		1667
La Fontaine, *Fables* (1er recueil).	Angleterre : Newton invente le premier véritable télescope (plus performant qu'une simple lunette d'approche).	1668
Racine, *Britannicus*.	Amérique : Cavelier de La Salle amorce ses explorations des Grands Lacs et des cours d'eau qui en sont tributaires (Ohio, Mississippi), jusqu'à sa mort en 1684, dans la région qu'on nommera plus tard la Louisiane.	1669
Pascal, *Pensées* (posthume). Corneille, *Tite et Bérénice*. Racine, *Bérénice* (victoire du jeune Racine sur son vieux rival, Corneille).	Fondation de la Compagnie de la Baie d'Hudson par les Anglais.	1670
Mme de Sévigné commence à correspondre avec sa fille. Ses *Lettres* seront publiées en 1726.		1671
Racine, *Bajazet*.		1672
Racine, *Mithridate*.		1673
Boileau, *L'Art poétique*. Dernière pièce de Corneille, *Suréna*.		1674
Racine, *Phèdre*.		1677
La Fontaine, *Fables* (2e recueil). Mme de La Fayette, *La Princesse de Clèves* (roman). Début de la querelle des Anciens et des Modernes.		1678
Fondation de la Comédie-Française par la fusion de trois troupes, dont les comédiens de Molière.		1680

TABLEAU CHRONOLOGIQUE		
	ÉVÈNEMENTS HISTORIQUES EN FRANCE	**VIE ET ŒUVRE DE MOLIÈRE**
1682	La cour s'installe à Versailles.	Publication des œuvres complètes : *Théâtre de Monsieur Molière.*
1685	Révocation de l'Édit de Nantes ; intensification des persécutions contre les jansénistes.	
1688		
1690		
1694		
1697		
1715	Mort de Louis XIV.	

TABLEAU CHRONOLOGIQUE		
ÉVÈNEMENTS CULTURELS ET LITTÉRAIRES EN FRANCE	**ÉVÈNEMENTS CULTURELS ET LITTÉRAIRES HORS FRANCE**	
	Cavelier de La Salle fonde la Louisiane.	1682
		1685
La Bruyère, *Les Caractères*. Intensification de la querelle des Anciens et des Modernes, jusque dans l'enceinte de l'Académie française.	Début des guerres de la France contre la ligue d'Augsbourg, alliance de nations visant à contrer les ambitions dominatrices de Louis XIV en Europe.	1688
Furetière, *Dictionnaire universel*.		1690
Dictionnaire de l'Académie française. La Fontaine, *Fables* (3ᵉ recueil).	Fondation de la Banque d'Angleterre, modèle de la banque moderne.	1694
Perrault, *Contes de ma mère l'Oye*.	Victoire de Frontenac sur les Iroquois, qui conduira à la Grande Paix de Montréal (ou Paix des Braves) de 1701.	1697
		1715

GLOSSAIRE DE L'ŒUVRE

Amitié (ou **amiquié**) : amour (par euphémisme).

Bailler : donner.

Bouter : mettre (comme dans les expressions : bouter là dans la tête, bouter le nez dessus, bouter la joie au cœur, quand il s'y boute).

Compère : terme de familiarité.

D'abord : tout de suite, du premier coup.

Diable emporte : on dirait, de nos jours, « que le diable m'emporte ».

Diantre ! : juron ; déformation de « diable ! ».

Embrasser : prendre dans ses bras.

Entendre : comprendre.

Fagot(s) : paquets, brassées de petit bois pour allumer le feu ; faiseur de fagots est un métier qui ne demande aucune qualification, mais qui rapporte peu d'argent.

Fi ! : interjection de désapprobation.

Fossette : jeu de billes.

Humeurs : la médecine du XVIIe siècle était fondée sur la théorie des humeurs, au nombre de quatre (sang, bile, lymphe ou flegme, bile noire ou mélancolie), dont le dérèglement était réputé être la cause des maladies. La langue d'aujourd'hui en a gardé des traces, comme les expressions « de bonne » et « de mauvaise humeur ».

Je suis votre serviteur (servante) : formule employée habituellement pour mettre fin à un entretien, pour prendre congé de quelqu'un.

Lantiponer (latiponage) : perdre son temps avec des sottises (en québécois, « taponner »). On voit aussi le nom lantiponage.

Ma mie : terme affectueux, déformation de « mon amie » (m'amie).

Morbleu ! morguenne ! ou **morgué !** : juron ; déformation de « mort de Dieu ! ». Ressemble au québécois « bon yenne » ou « bon yeu », pour « bon Dieu ».

Nourrice : les femmes nobles ou riches n'allaitaient pas elles-mêmes leurs nourrissons ; elles confiaient cette tâche à des femmes engagées dans ce but.

Palsanguenne ! : juron ; déformation de « par le sang de Dieu ! ».

Par ma fi ! : par ma foi, c'est-à-dire en toute sincérité, sur mon honneur.

Par ma figué ! : juron ; déformation de « par ma foi en Dieu ! ».

Pendard : insulte signifiant « qui mérite d'être pendu ».

Peste (de) : interjection de mépris ; équivaut à « maudit soit ».

Testigué ! : juron ; déformation de « tête de Dieu ! ».

Un cent : une centaine.

BIBLIOGRAPHIE

Éditions de référence

L'édition de référence pour l'établissement du texte a été la suivante :

Théâtre de Monsieur Molière, édition complète en quatre volumes (690 p., 710 p., 680 p. et 702 p.), sous la direction de Pierre-Aimé Touchard, comprenant le texte et les gravures de Pierre Brissart de l'édition de 1682, Paris, Club des libraires de France, 1958 (*Le Médecin malgré lui,* tome 3, p. 115 à 176).

Ont également été consultées les éditions suivantes :

Le Médecin malgré lui, Paris, Classiques Bordas, coll. « Univers des lettres », 1972, 128 p.

Le Médecin malgré lui, Paris, Classiques Hatier, coll. « Œuvres et thèmes », 1977, 128 p.

Œuvres complètes, Paris, GF Flammarion, 1965, tome 3, 437 p. (p. 91 à 130).

Ouvrages de référence

BARRIÈRE, Pierre. *La Vie intellectuelle en France du 16e siècle à l'époque contemporaine,* Paris, Albin Michel, coll. « L'évolution de l'humanité », 1974 (1961), 664 p.

BOILEAU-DESPRÉAUX, Nicolas. *Épîtres, L'Art poétique, Le Lutrin,* Paris, Société des Belles Lettres, coll. des universités de France, 1967, 374 p.

CAYROU, Gaston. *Le Français classique : lexique de la langue française au XVIIe siècle,* Paris, Didier, 1948, 884 p.

SIMON, Alfred. *Molière,* Paris, Seuil, coll. « Écrivains de toujours », 1957, 192 p.

VOLTZ, Pierre. *La Comédie,* Paris, Armand Colin, coll. « U Lettres Françaises », 1964, 472 p.

SOURCES ICONOGRAPHIQUES

Page couverture, Photo : © Roger-Viollet • Page 4, Photo : Stock Montage Hulton Archive • Pages 10, 26, 27, Archives du Théâtre du Nouveau Monde • Pages 32, 34, 38, 48, 62, Archives du Théâtre du Rideau Vert • Page 64, Photo : akg-images • Pages 66, 70, Photos : Bibliothèque nationale de France • Page 78, Photo : Ordre national des pharmaciens, Paris, Archives Charmet/The Bridgeman Art Library • Page 84, Photo : akg-images • Page 86, Photo : © Roger-Viollet • Page 106, Photo : akg-images.

ŒUVRES PARUES

300 ans d'essais au Québec
400 ans de théâtre au Québec
Apollinaire, *Alcools*
Balzac, *Le Colonel Chabert*
Balzac, *La Peau de chagrin*
Balzac, *Le Père Goriot*
Baudelaire, *Les Fleurs du mal* et *Le Spleen de Paris*
Beaumarchais, *Le Mariage de Figaro*
Chateaubriand, *Atala* et *René*
Chrétien de Troyes, *Yvain* ou *Le Chevalier au lion*
Colette, *Le Blé en herbe*
Contes et légendes du Québec
Contes et nouvelles romantiques : de Balzac à Vigny
Corneille, *Le Cid*
Daudet, *Lettres de mon moulin*
Diderot, *La Religieuse*
Écrivains des Lumières
Flaubert, *Trois Contes*
Girard, *Marie Calumet*
Hugo, *Le Dernier Jour d'un condamné*
Jarry, *Ubu Roi*
Laclos, *Les Liaisons dangereuses*
Marivaux, *Le Jeu de l'amour et du hasard*
Maupassant, *Contes réalistes* et *Contes fantastiques*
Maupassant, *La Maison Tellier et autres contes*
Maupassant, *Pierre et Jean*
Mérimée, *La Vénus d'Ille* et *Carmen*
Molière, *L'Avare*
Molière, *Le Bourgeois gentilhomme*
Molière, *Dom Juan*
Molière, *L'École des femmes*
Molière, *Les Fourberies de Scapin*
Molière, *Le Malade imaginaire*
Molière, *Le Médecin malgré lui*
Molière, *Le Misanthrope*
Molière, *Tartuffe*
Musset, *Lorenzaccio*
Poe, *Le Chat noir et autres contes*
Poètes et prosateurs de la Renaissance
Poètes romantiques
Poètes surréalistes
Poètes symbolistes
Racine, *Phèdre*
Rostand, *Cyrano de Bergerac*
Tristan et Iseut
Voltaire, *Candide*
Voltaire, *Zadig* et *Micromégas*
Zola, *La Bête humaine*
Zola, *L'Inondation et autres nouvelles*
Zola, *Thérèse Raquin*